소소
믹션
2

해피마마의 다정한 손뜨개 레슨
손뜨개, 처음이어도 괜찮아

해피마마 지음 | 남궁가윤 옮김

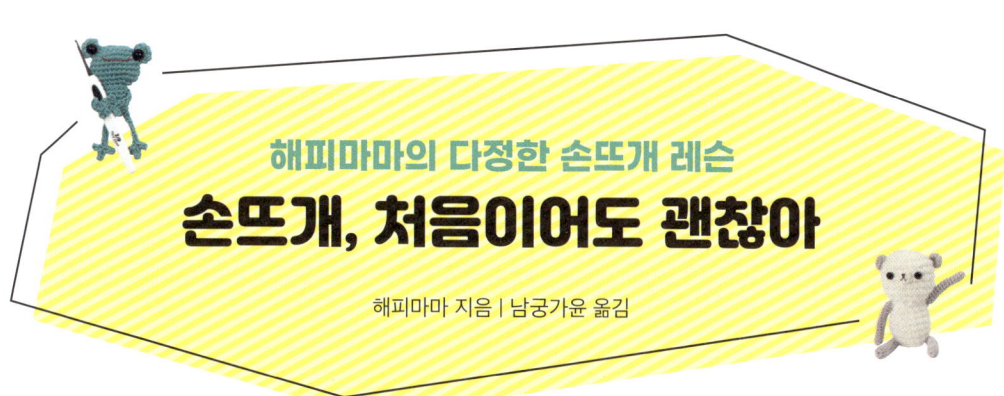

즐거운상상

(이 책의 특징)

1 만드는 법을 유튜브에서 볼 수 있어요!

이 책에 실린 작품 만드는 법을 유튜브 동영상으로 볼 수 있습니다. 각 작품 사진 페이지의 QR코드를 스마트폰으로 스캔하면 동영상 재생 페이지로 넘어갑니다. 책에 실린 만드는 법 해설과 함께 보세요.

QR코드를 스캔!

※ 동영상을 재생하면 유튜브 내의 광고가 처음에 나오기도 합니다.
※ 동영상 저작권은 저자인 해피마마 및 부티크사에 속해 있으므로 무단전재나 복사를 금지합니다.
※ 책에 실린 만드는 법과 유튜브 동영상은 조금 다른 부분도 있으니 양해 바랍니다.
※ 동영상 설명과 자막은 일본어로 되어 있습니다. 책과 함께 보면서 참고하세요.

2 상업적 이용 OK!

이 책에 실린 뜨개 도안과 만드는 법으로 제작한 작품은 개인 차원의 판매 활동(바자회, 인터넷, 벼룩시장 등)으로 자유롭게 판매해도 괜찮습니다.

※ 개인적인 범위에서 하는 판매 활동만 가능합니다. 이 책이나 해피마마의 동영상을 참고하였다고 기재해 주세요. 기업 차원의 대량 생산은 금지합니다.
※ 작품 판매는 독자 여러분의 책임하에 즐겨 주세요. 이 책의 뜨개 도안이나 만드는 법을 사용하다가 일어난 문제에 대해 당사는 책임지지 않습니다.
※ 이 책의 뜨개 도안이나 만드는 법 자체를 전재, 복사, 판매, 배포, 인터넷 게재, 키트 상품으로 만들어서 판매하는 행위는 금지합니다.
※ 이 책의 작품 제작 과정을 촬영하여 공개하거나 만드는 법 사이트, SNS, 블로그 등에 자기 것으로 올리는 행위는 금지합니다.

3 난이도 표기

각 작품 페이지에 만드는 법의 난이도를 표기했습니다.
작품을 만들 때 참고하세요.

※ 난이도는 어디까지나 기준입니다.
　★☆☆ 간단
　★★☆ 보통
　★★★ 조금 어렵다

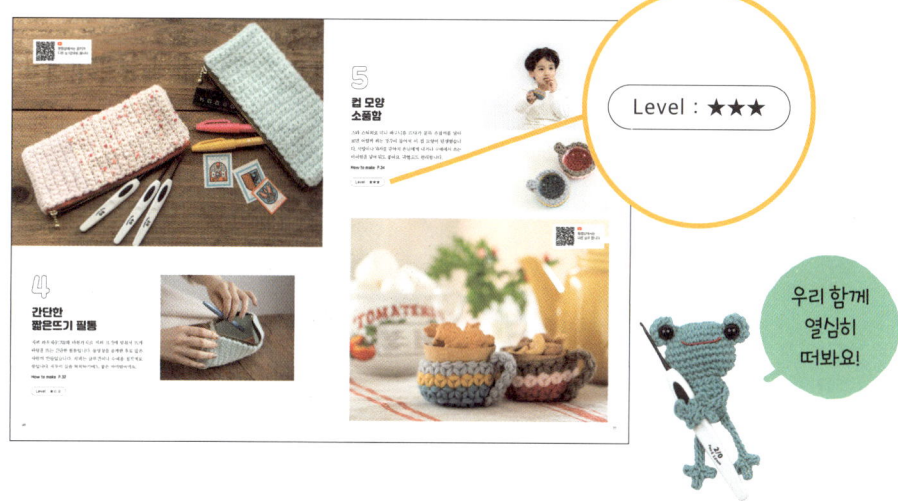

우리 함께 열심히 떠봐요!

1

CONTENTS

이 책의 특징 1   이 책을 보는 법 4

PART 1 첫 손뜨개 레슨

한길긴뜨기 둥근 모티브   p.6

크로스백 & 통장 케이스   p.14

뜨개실 세 줄로 도톰하게 뜨는 가방   p.20

이 책에 나오는 뜨개기호와 뜨는 법 26
이 책에 나오는 실 소개 28

memo
실 잇기 24
기둥코로 뜨는 사슬뜨기 높이 25
코 줍기 27

PART 2 손쉽게 만드는 손뜨개 소품

간단한 짧은뜨기 필통
p.30, 32

컵 모양 소품함
p.31, 34

바구니뜨기로 만드는 수세미
p.40, 42

텀블러 가방
p.41, 44

토끼와 강아지 스마트폰 케이스
p.46, 48

축구공 장난감
p.47, 50

고양이 인형
p.53, 56

곰 인형
p.54, 60

개구리 인형
p.55, 61

집 모양 열쇠 커버
p.64, 66

집 모양 모티브
p.64, 67

립밤 케이스
p.65, 67

PART 3 다양한 일상용품

지퍼 파우치
p.70, 72

도시락 가방
p.76, 78

사각 모티브 주머니
p.82, 84

솔잎뜨기 토트백
p.83, 88

햇빛 가리개 모자
p.90, 92

밀짚모자 스타일 도토리 비니
p.90, 94

무늬뜨기 스톨
p.91, 96

폭신폭신 도토리 비니
p.98, 100

폭신폭신 베레모
p.99, 104

2색 스누드
p.106, 108

핸드 워머
p.107, 110

이 책을 보는 법

책에 나오는 주요 뜨개 도안과 만드는 법 페이지를 보는 법을 설명합니다.

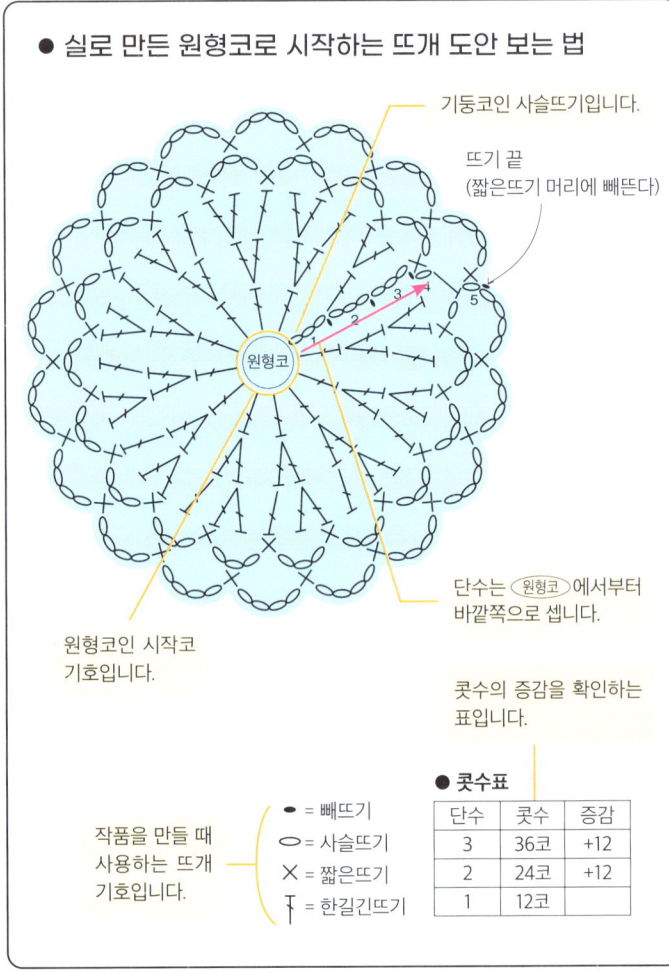

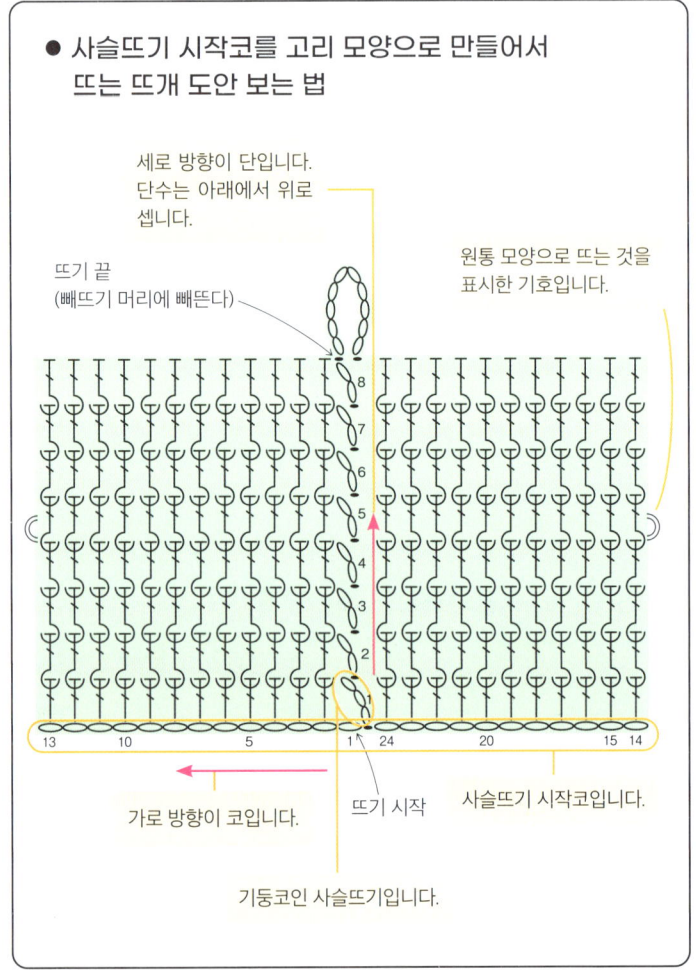

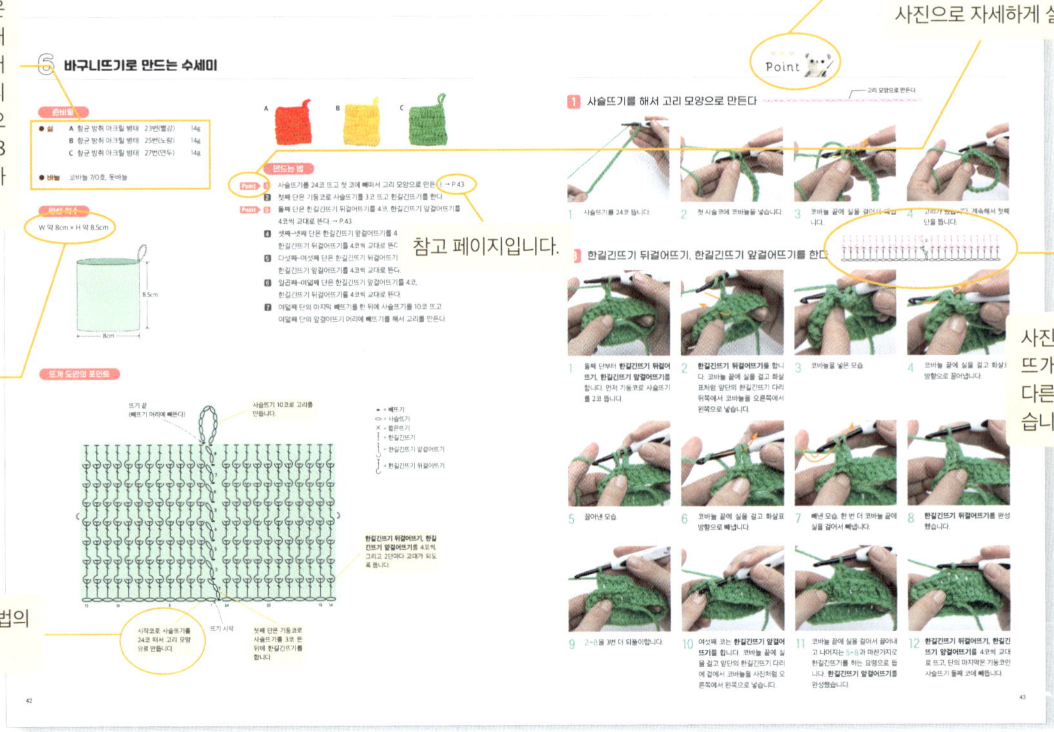

PART 1

첫 손뜨개 레슨

"손뜨개를 시작해 보고 싶긴 한데 뜨개 도안을 어떻게 보는지 모르겠어요." "예전에 한 번 도전해 봤지만 포기했어요." 이런 분들이 손뜨개 작품을 만들 수 있도록 실타래에서 실을 끄집어내는 것에서부터 작품을 완성하기까지 과정을 자세하게 사진으로 소개합니다.

도중에 잘 모르는 부분이 나오더라도 동영상이 있으니 안심하세요. 마음에 드는 실을 골라서 '한길긴뜨기 둥근 모티브'부터 같이 시작해 봅시다.

같이 시작해 볼까요

1

한길긴뜨기 둥근 모티브

"제 첫 손뜨개 작품은 이 모티브였어요."라는 말을 많이 듣는 작품이라서 손뜨개 초보자에게 추천합니다. 컵받침으로 써도 좋고 이런저런 물건을 위에 올려도 멋져 보입니다. 우리 집에서는 핸드워시나 주방세제 밑에 깔아 두지요. 실의 굵기를 바꾸거나 루프사, 그러데이션사 등으로 뜨면 같은 뜨개 도안으로 다양한 느낌의 모티브를 즐길 수 있습니다.

Level : ★☆☆

How to make

준비물

- 실
  - A 산뜻한 코튼 40 1번(흰색) ········· 3g
  - B 산뜻한 코튼 40 9번(코발트블루) ····· 3g
  - C sprinkle 2번(파랑) ············ 6g
  - D Framboise 02번(시트러스) ········· 3g
  - E 코튼 니트(S) 27번(베리핑크) ········ 5g
  - F Olivia 08번(베리핑크) ············ 6g

- 바늘 코바늘 A · B · D 3/0호, C · E · F 5/0호, 돗바늘

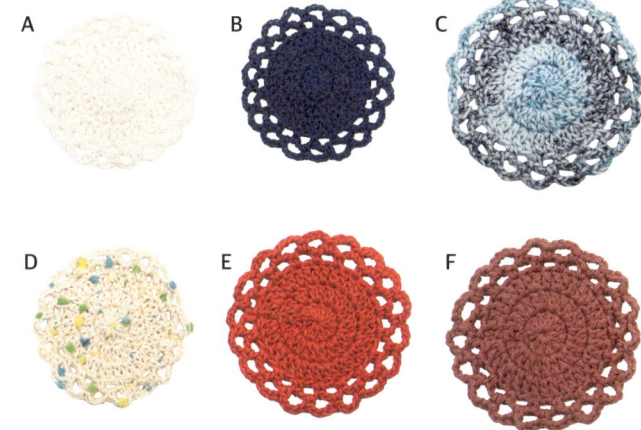

완성 치수

A : 지름 6.5cm B : 지름 7cm C : 지름 9.5cm
D : 지름 7cm E : 지름 9cm F : 지름 9cm

뜨개 도안 보는 법

앞단 코에 **한길긴뜨기 2코 늘려뜨기**를 하여 코를 늘립니다.

단의 기둥코인 사슬뜨기입니다. 3코를 떠서 한길긴뜨기 높이로 합니다.

뜨기 끝
(짧은뜨기 머리에 빼뜬다)

뜨기 끝은 단의 첫 짧은뜨기 머리에 빼뜨기를 한 뒤에 실을 자릅니다.

실로 만든 원형코에서 뜨기 시작합니다.

넷째~다섯째 단은 짧은뜨기와 사슬뜨기를 조합합니다.

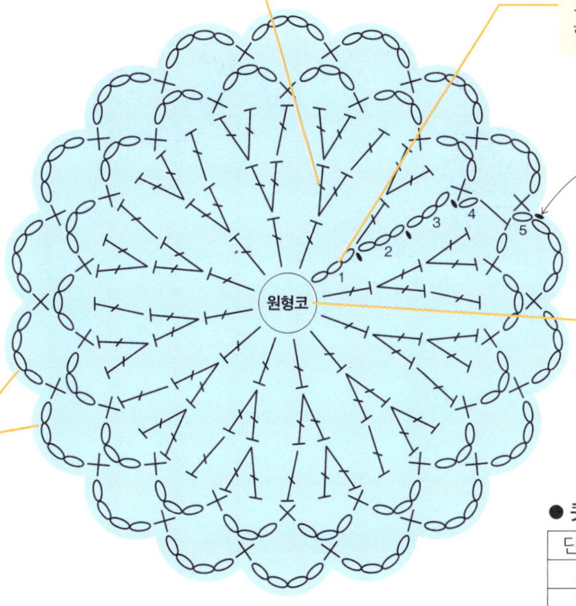

이 작품에서 사용하는 뜨개 기호입니다.
- ● = 빼뜨기
- ○ = 사슬뜨기
- X = 짧은뜨기
- ┼ = 한길긴뜨기

단마다 콧수와 증감을 표시했습니다.

● 콧수표

단수	콧수	증감
3	36코	+12
2	24코	+12
1	12코	

둘째 단에서 12코를 늘린다는 것을 의미합니다.

원형코 안에 12코를 뜬다는 의미입니다. 12코 중 1코는 기둥코인 사슬뜨기 3코입니다.

7

How to make

1 실로 원형코를 만들고 코바늘에 실을 건다 (원형코)

1 실타래 속에 손가락을 넣어서 실 끝을 꺼냅니다.

2 안에 심지가 들어 있을 때는 심지째로 꺼내면 실 끝이 나옵니다.

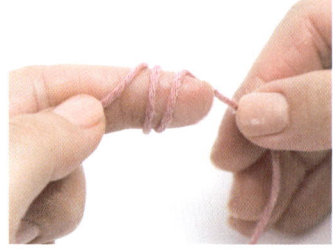
3 실 끝에서 10cm 정도 되는 지점에서 왼손 집게손가락에 실을 2번 감습니다.

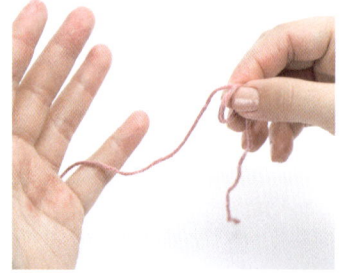
4 3에서 만든 고리를 오른손으로 잡고, 왼손 새끼손가락과 넷째 손가락 사이에서 실이 앞으로 나오게 합니다.

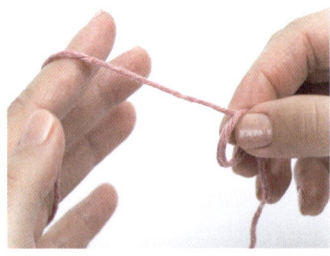
5 가운뎃손가락과 집게손가락 사이에서 실을 뒤로 꺼내서 집게손가락에 감습니다.

6 왼손 엄지손가락과 가운뎃손가락으로 3의 고리를 잡습니다.

7 오른손으로 코바늘을 잡고, 바늘을 고리 안에 넣습니다.

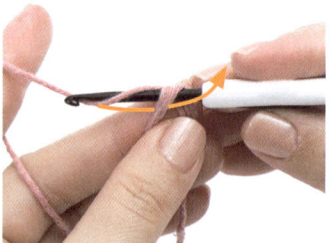
8 코바늘 끝에 실을 걸고 화살표처럼 고리에서 끌어냅니다.

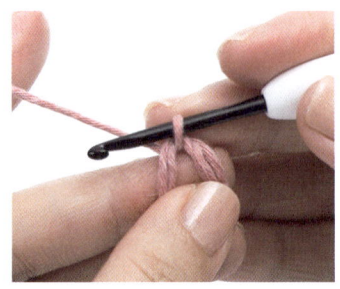
9 끌어낸 모습.

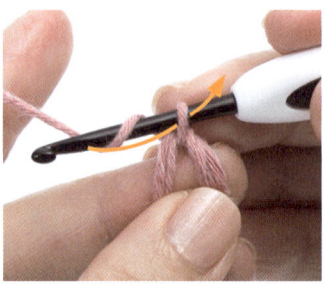
10 다시 코바늘 끝에 실을 걸고 화살표 방향으로 빼냅니다.

11 빼낸 모습.

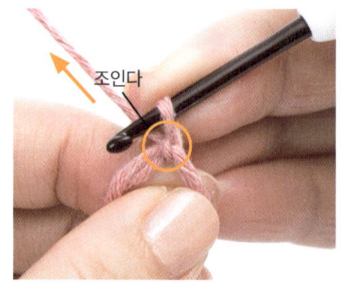
12 실타래 쪽 실을 당겨서 고리에 걸려 있는 코를 조입니다. (조인다)

2 기둥코로 사슬뜨기를 뜬다 (원형코)

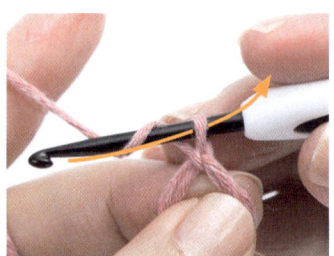
1 다음은 한길긴뜨기 높이가 되도록 사슬뜨기를 3코 뜹니다. 코바늘 끝에 실을 걸고 화살표처럼 빼냅니다.

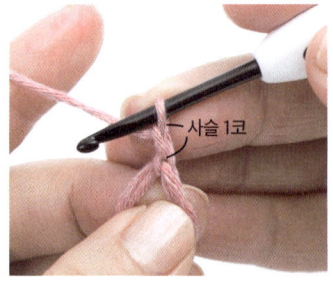
2 빼낸 모습. 사슬뜨기를 1코 떴습니다. 1을 2번 더 되풀이합니다. (사슬 1코)

3 사슬뜨기 셋째 코를 뜬 모습. 이것을 **기둥코인 사슬뜨기**라고 합니다.

2코 이상인 '기둥코인 사슬뜨기'는 1코로 세는 거예요. → P.25 memo

3 한길긴뜨기를 한다

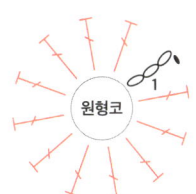

1 한길긴뜨기를 합니다. 먼저 코바늘 끝에 실을 걸고 화살표처럼 **원형코** 안에 넣습니다.

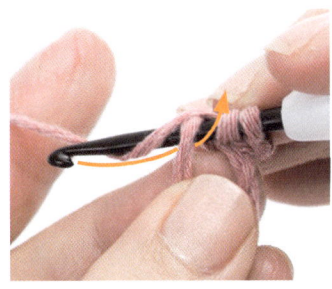

2 코바늘 끝에 실을 걸고 화살표처럼 **원형코**에서 끌어냅니다.

3 실을 끌어낸 모습. 코바늘에 고리가 3개 걸려 있습니다.

4 코바늘을 위로 당겨서 바늘에 걸린 실을 길게 끌어냅니다.

5 코바늘 끝에 실을 걸고, 바늘에 걸려 있는 고리 2개에서만 화살표처럼 빼냅니다.

6 빼낸 모습.

7 코바늘 끝에 실을 걸고, 남은 고리에서 화살표처럼 빼냅니다.

8 빼낸 모습. 한길긴뜨기를 1코 떴습니다.

9 1~8을 되풀이합니다. 한길긴뜨기를 2코 뜬 모습.

10 한길긴뜨기를 원형코 안에 전부 11코 떴습니다.

11 코바늘에 걸려 있는 마지막 코를 크게 끌어내고 바늘을 뺍니다.

4 원형코를 조인다

1 한가운데의 **원형코**가 이중으로 되어 있는지 확인합니다.

2 뜨기 시작 쪽의 실 끝을 조금 당깁니다. 이때 움직이는 **원형코**가 어느 쪽인지 확인합니다.

3 2에서 움직인 **원형코**를 당깁니다.

4 세게 당깁니다.

5 다시 뜨기 시작 실 끝을 당깁니다.

6 꽉 당겨 줍니다.

7 마지막 코에 다시 코바늘을 넣고 코를 작게 만듭니다.

원형코와 첫째 단 완성. 생각보다 쉽죠?

5 첫째 단을 다 뜬다

1 **기둥코인 사슬뜨기** 셋째 코에 코바늘을 넣습니다.

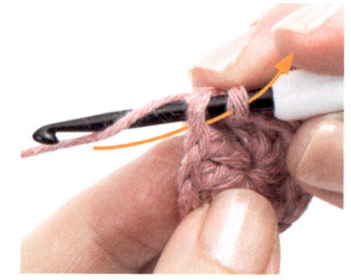

2 코바늘 끝에 실을 걸고 화살표 방향으로 한 번에 빼냅니다.

3 빼낸 모습. 이것으로 원형코와 첫째 단을 완성했습니다.

6 코를 늘리면서 둘째 단을 뜬다

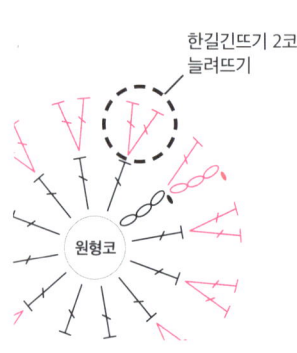

1 둘째 단도 처음에 **기둥코로 사슬뜨기**를 3코 뜹니다.

2 코바늘 끝에 실을 걸고, **기둥코인 사슬뜨기**의 밑부분(첫째 단 마지막에 빼뜨기를 한 코)에 코바늘을 넣고 실을 겁니다.

3 한길긴뜨기를 합니다. (P.9 · 3 1~8)

4 코바늘 끝에 실을 걸고 다음 코의 머리에 코바늘 끝을 넣습니다.

5 넣은 모습.

6 한길긴뜨기를 합니다.

7 4와 같은 장소에 한 번 더 한길긴뜨기를 합니다. **한길긴뜨기 2코 늘려뜨기**를 완성했습니다.

8 **한길긴뜨기 2코 늘려뜨기**를 되풀이하며 한 바퀴를 뜹니다. 콧수가 24코로 늘어났습니다.

9 마지막은 **기둥코인 사슬뜨기** 셋째 코에 코바늘을 넣고 빼뜨기를 합니다.

10 둘째 단을 완성했습니다.

7 셋째 단을 뜬다

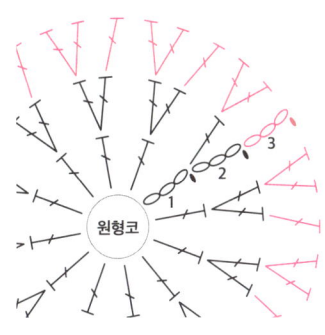

1 **기둥코로 사슬뜨기**를 3코 뜬 뒤에 다음 코에 한길긴뜨기를 2코 뜹니다.

2 한길긴뜨기를 1코, **한길긴뜨기 2코 늘려뜨기**를 되풀이하며 한 바퀴를 뜹니다. 콧수가 36코로 늘어났습니다.

3 마지막은 **기둥코인 사슬뜨기** 셋째 코에 빼뜨기를 합니다. 셋째 단을 완성했습니다.

8 넷째 단을 뜬다

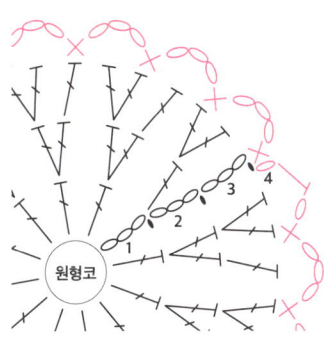

1 기둥코로 사슬뜨기를 1코 뜹니다.

2 1의 밑부분(셋째 단 마지막에 빼뜨기를 한 코)에 코바늘 끝을 넣습니다.

3 넣은 모습.

4 짧은뜨기(→ P.26)를 합니다.

5 사슬뜨기를 3코 하고 1코 건너뛰어 다음 코에 코바늘을 넣습니다.

6 넣은 모습. 짧은뜨기를 합니다.

7 1무늬를 떴습니다. 5~6을 되풀이하며 한 바퀴를 뜹니다.

8 마지막 짧은뜨기를 한 뒤에 사슬뜨기를 1코 뜨고, 코바늘 끝에 실을 걸어서 첫 짧은뜨기의 머리에 코바늘을 넣습니다.

9 코바늘을 넣은 모습.

10 긴뜨기(→ P.26)를 합니다.

11 넷째 단을 완성했습니다.

9 다섯째 단을 뜬다

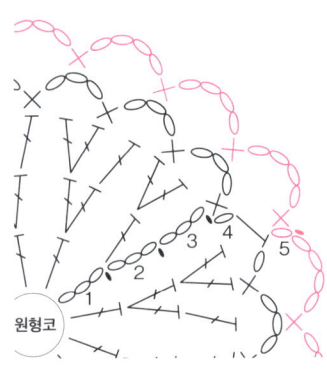

1 **기둥코로 사슬뜨기**를 1코 뜹니다.

2 앞단의 긴뜨기(8·10)를 그대로 줍듯이 코바늘을 넣습니다.

앞단 코를 가르지 않고 그대로 줍는 것을 '코 아래에서 주워서 뜬다'고 해요. → P.27

3 짧은뜨기를 합니다.

4 사슬뜨기를 4코 뜹니다.

5 앞단의 사슬뜨기 아래에서 주워서 짧은뜨기를 합니다.

6 짧은뜨기를 한 모습. 1무늬를 떴습니다. 4~5를 되풀이합니다.

7 다섯째 단의 마지막 사슬뜨기를 4코 뜬 뒤에 첫 짧은뜨기의 머리에 화살표처럼 코바늘을 넣습니다.

8 코바늘을 넣은 모습.

9 코바늘 끝에 실을 걸고 빼냅니다. 다섯째 단을 완성했습니다.

10 실을 처리한다

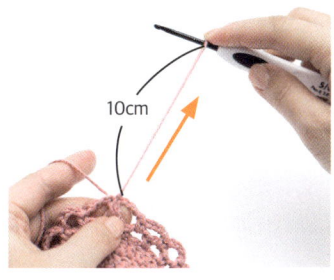

1 코바늘을 당겨서 코바늘에 걸려 있던 고리를 10cm 정도까지 길게 늘입니다.

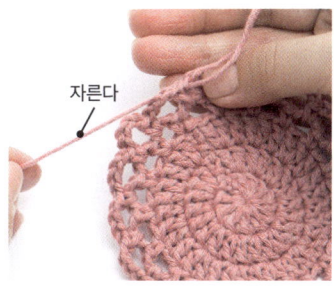

2 코바늘을 빼고 실을 자릅니다.

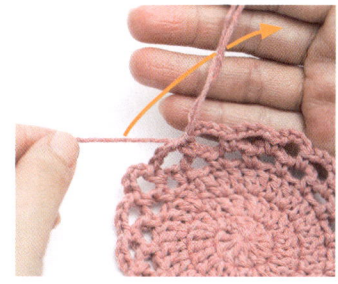

3 실 끝을 화살표처럼 고리 안으로 통과시킨 뒤에 당겨서 고리를 조입니다.

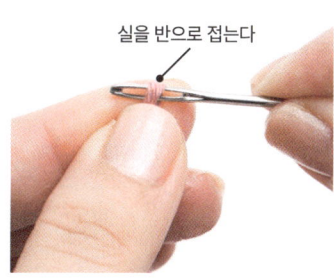

4 실 끝을 돗바늘의 바늘귀 쪽에 걸고 반으로 접습니다.

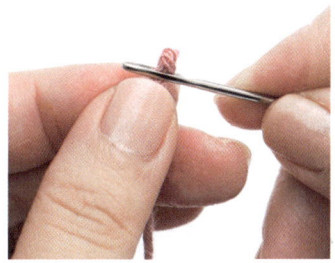

5 접은 고리를 손가락으로 눌러서 납작하게 만들어 바늘구멍에 넣습니다.

6 실을 꿨습니다.

7 바로 아래 코에 돗바늘을 넣어서 실을 뜨개바탕 안쪽으로 빼냅니다.

8 실이 안쪽으로 나온 모습.

9 겉쪽에서 티가 나지 않는 부분에 2~3코만큼 바늘을 넣습니다.

10 실을 당깁니다.

11 다른 장소에 다시 돗바늘을 넣습니다.

12 실을 당깁니다.

13 돗바늘에서 실을 뺍니다.

14 뜨개바탕에 바짝 붙여서 실을 자릅니다.

15 다른 실 끝도 같은 방법으로 처리합니다.

완성!

2

크로스백 & 통장 케이스

세 가지 색으로 굵은 줄무늬를 넣어서 솔잎뜨기의
파도 같은 무늬를 돋보이게 만든 작품입니다.
통장 케이스와 크로스백은 실과 코바늘 굵기만
다르고 같은 콧수와 단수로 떴습니다.
복잡한 무늬처럼 보이지만 뜨는 법은
의외로 간단하니 꼭 도전해 보세요.

Level : ★★☆

동영상에서는
다른 색깔로 뜹니다.

How to make

크로스백

준비물

- **실**   MIEL
  - a   10번(루주) ················· 27g
  - b   05번(코르크) ·············· 15g
  - c   13번(잉크블루) ·········· 31g

- **바늘**   코바늘 7/0호, 돗바늘, 손바늘

- **그 외**   지름 약 2cm 단추 1개, 재봉실, 1cm 너비 어깨끈(갈색) 1개

완성 치수

W 18.5cm × H 14cm

통장 케이스

준비물

- **실**   코튼 니트(S)
  - a   13번(청록) ················· 10g
  - b   01번(흰색) ··················· 6g
  - c   18번(민트그린) ·········· 10g

- **바늘**   코바늘 6/0호, 돗바늘, 손바늘

- **그 외**   지름 2cm 단추 1개, 재봉실

완성 치수

W 14.5cm × H 11.5cm

뜨개 도안 보는 법

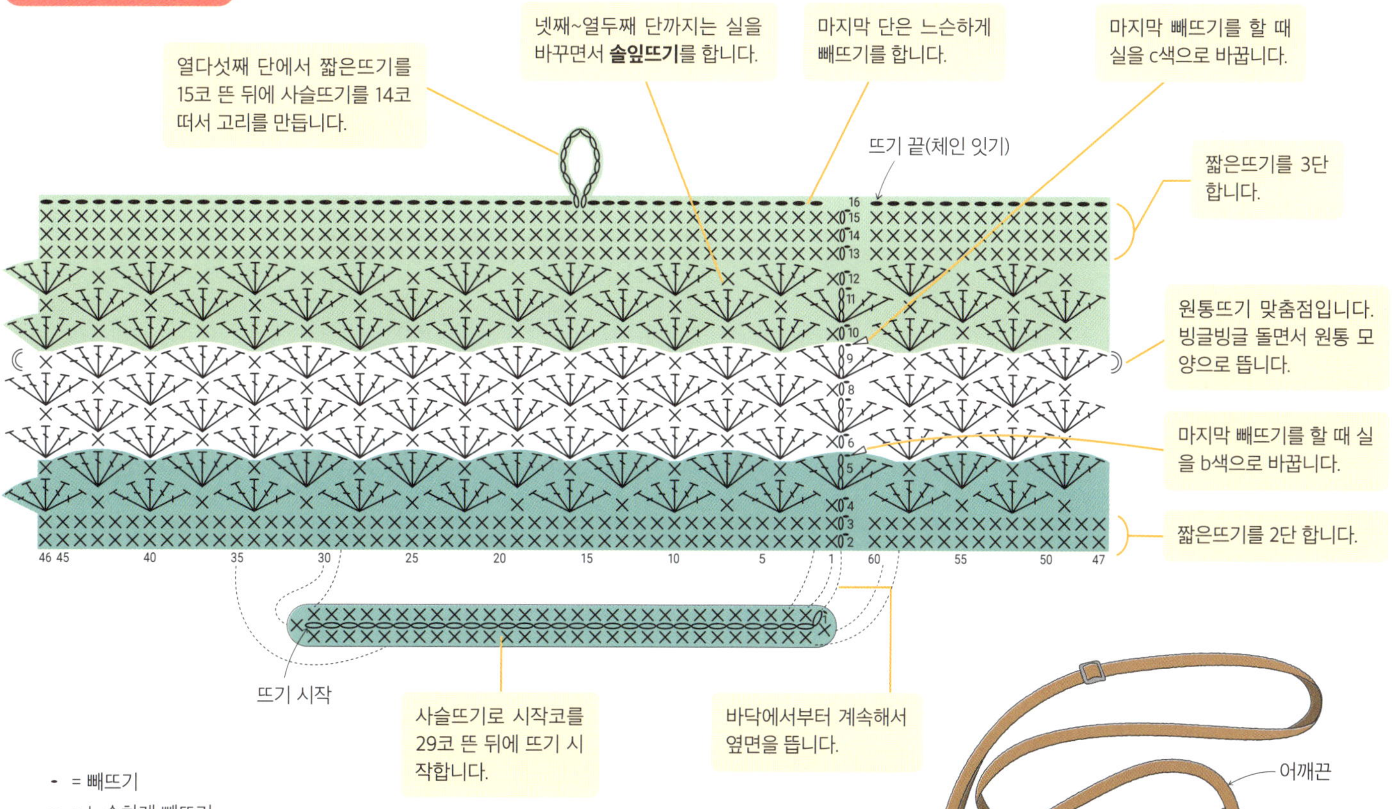

- 열다섯째 단에서 짧은뜨기를 15코 뜬 뒤에 사슬뜨기를 14코 떠서 고리를 만듭니다.
- 넷째~열두째 단까지는 실을 바꾸면서 **솔잎뜨기**를 합니다.
- 마지막 단은 느슨하게 빼뜨기를 합니다.
- 마지막 빼뜨기를 할 때 실을 c색으로 바꿉니다.
- 뜨기 끝(체인 잇기)
- 짧은뜨기를 3단 합니다.
- 원통뜨기 맞춤점입니다. 빙글빙글 돌면서 원통 모양으로 뜹니다.
- 마지막 빼뜨기를 할 때 실을 b색으로 바꿉니다.
- 짧은뜨기를 2단 합니다.
- 뜨기 시작
- 사슬뜨기로 시작코를 29코 뜬 뒤에 뜨기 시작합니다.
- 바닥에서부터 계속해서 옆면을 뜹니다.

기호:
- **−** = 빼뜨기
- **●** = 느슨하게 빼뜨기
- **○** = 사슬뜨기
- **×** = 짧은뜨기
- **𝍌** = 한길긴뜨기
- **⩗** = 실을 잇는다

- ▨ = c색
- ▢ = b색
- ▨ = a색

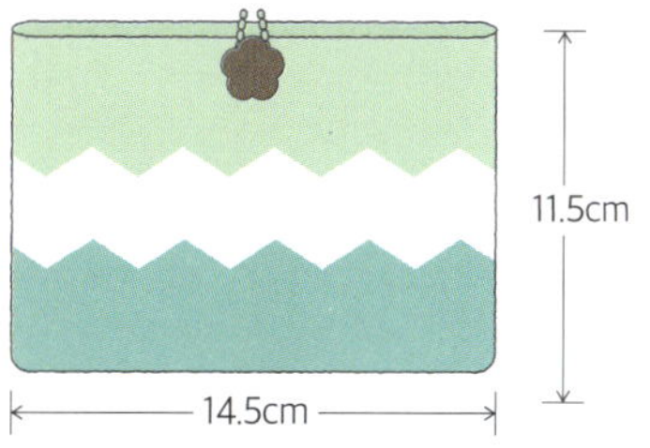

어깨끈

랍스터 고리

11.5cm

14.5cm

14cm

18.5cm

15

How to make

1 시작코를 뜬다

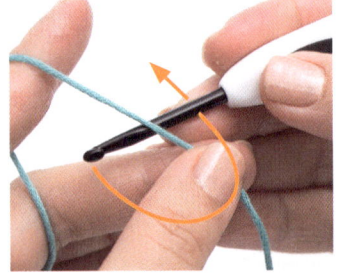
1 왼손 집게손가락에 실을 걸어서 잡고 코바늘을 실 뒤쪽에 대고 화살표 방향으로 돌립니다.

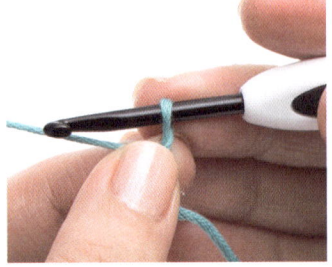
2 코바늘에 실이 감겼습니다. 감긴 실의 밑부분을 왼손으로 누릅니다.

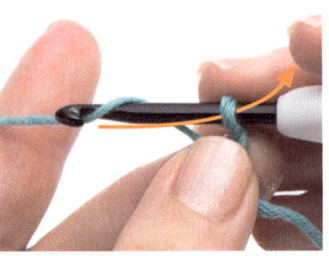
3 코바늘 끝에 실을 걸고 화살표 방향으로 빼냅니다.

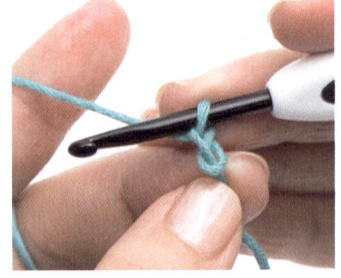
4 빼낸 모습.

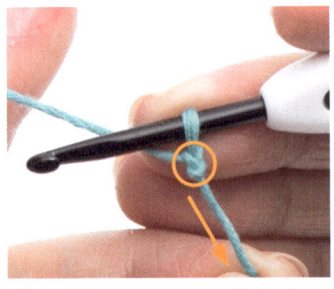
5 아래쪽 실 끝을 당겨서 코 밑부분을 조입니다.

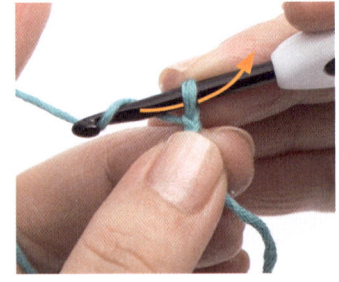
6 이제부터 사슬뜨기(→ P.26)를 29코 뜹니다.

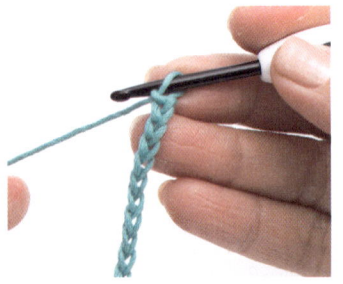
7 시작코를 29코 뜨고 다시 기둥코로 사슬뜨기를 1코 뜬 모습.

2 첫째 단을 뜬다

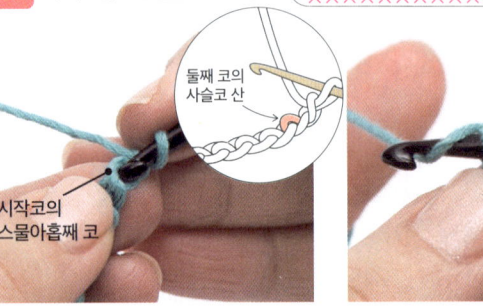
1 코바늘에서부터 둘째 코(시작코의 스물아홉째 코)의 사슬코 산에 코바늘을 넣습니다.

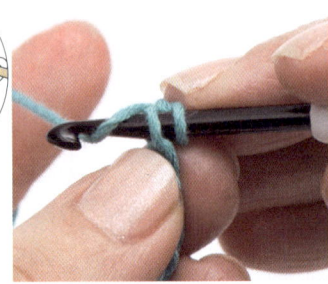
2 코바늘 끝에 실을 걸고 짧은뜨기(→ P.26)를 합니다.

3 짧은뜨기를 1코 뜬 모습.

4 1~3과 같은 방법으로 시작코의 사슬코 산에 짧은뜨기를 1코씩 뜹니다.

5 시작코의 첫째 코에는 짧은뜨기를 2코 더 합니다.

6 시작코의 첫째 코에 짧은뜨기를 전부 3코 뜬 모습. 뜨개바탕을 180도 회전시켜서 위아래를 뒤집습니다.

7 시작코의 남은 코에 짧은뜨기를 하며 돌아옵니다. 이때 실 끝을 5~6코만큼 감싸며 뜨면 나중에 실을 처리하기 편합니다.

8 시작코의 스물여덟째 코까지 짧은뜨기를 하며 돌아온 모습.

9 시작코의 스물아홉째 코에 짧은뜨기를 2코 뜹니다.

10 첫 짧은뜨기(2)의 머리에 코바늘을 넣어서 실을 걸고 화살표 방향으로 빼냅니다.

11 빼낸 모습. 첫째 단을 완성했습니다.

12 7에서 감싸며 뜬 실 끝의 남은 부분을 자릅니다.

3 둘째~셋째 단을 뜬다

다음 단부터 무늬뜨기를 할 거예요!

1 기둥코로 사슬뜨기 1코를 뜹니다.

2 짧은뜨기를 첫째 단의 1코마다 1코씩 뜹니다.

3 셋째 단까지 같은 방법으로 앞단의 1코에 짧은뜨기를 1코씩 뜹니다.

4 솔잎뜨기의 첫째 단(뜨개 도안의 넷째 단)을 뜬다

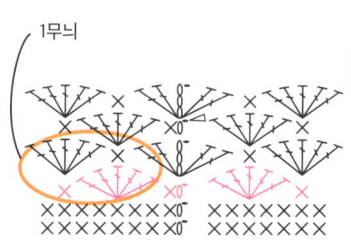

2단으로 1무늬가 돼요!

1 **기둥코로 사슬뜨기** 1코를 뜨고 짧은뜨기를 합니다.

2 코바늘 끝에 실을 걸고, 2코를 건너뛰어 앞단 넷째 코의 머리에 코바늘을 넣습니다.

3 한길긴뜨기(→P.9·3)를 합니다.

4 같은 코에 한길긴뜨기를 4코 더 뜹니다(**한길긴뜨기 5코 늘려뜨기**).

5 2코 건너뛰고 4에서부터 셋째 코에 짧은뜨기를 합니다.

6 2코 간격으로 **한길긴뜨기 5코 늘려뜨기**와 **짧은뜨기**를 되풀이하며 한 바퀴 뜨고, 마지막은 첫 짧은뜨기의 머리에 빼뜨기를 합니다.

17

5 솔잎뜨기의 둘째 단(뜨개 도안의 다섯째 단)을 뜬다

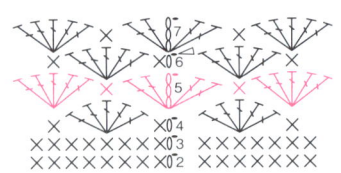

1 기둥코로 사슬뜨기를 3코 뜹니다.

2 밑부분(넷째 단의 마지막에 빼뜨기를 한 코)에 코바늘을 넣고 한길긴뜨기를 합니다.

3 2와 같은 코에 한길긴뜨기를 1코 더 뜹니다.

4 앞단의 한길긴뜨기 5코 늘려뜨기를 한 곳의 셋째 코에 짧은뜨기를 합니다.

5 짧은뜨기를 한 모습.

6 앞단의 짧은뜨기 머리에 코바늘을 넣고 한길긴뜨기를 5코 뜹니다.

7 한길긴뜨기를 5코 뜬 모습. 4~7을 되풀이하여 다섯째 단을 뜹니다.

6 실 색을 바꾼다

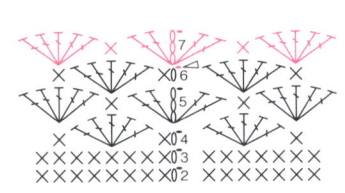

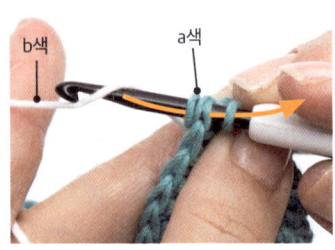

1 여섯째 단은 넷째 단과 같은 방법으로 뜨고 마지막 빼뜨기를 하는 부분에서 색을 바꿉니다.

2 첫 짧은뜨기의 머리에 코바늘을 넣습니다.

3 새로 뜰 b색 실을 코바늘 끝에 걸고 화살표 방향으로 빼냅니다.

4 빼낸 모습.

5 a색 실을 당겨서 코를 조입니다. a색은 10cm 정도 실 끝을 남겨서 잘라 뒀다가 나중에 실을 처리합니다.

6 b색으로 일곱째~아홉째 단을, c색으로 열째 단 이후를 뜹니다.

7 열두째 단까지 완성했습니다.

7 고리를 뜬다

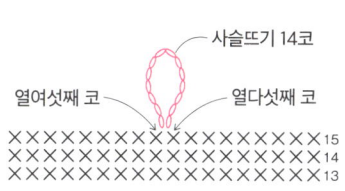

1 열다섯째 단은 짧은뜨기를 15코 뜬 뒤에 고리용으로 사슬뜨기를 14코 뜹니다.

2 앞단의 열여섯째 코 머리에 짧은뜨기를 합니다. 고리를 다 떴습니다.

3 계속해서 짧은뜨기로 한 바퀴 뜬 뒤에 첫 짧은뜨기 머리에 빼뜨기를 합니다.

8 느슨하게 빼뜨기를 한다

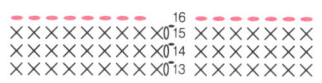

1 앞단 짧은뜨기의 둘째 코에 코바늘 끝을 넣고 실을 걸어서 화살표 방향으로 빼냅니다.

2 빼낸 모습. 이것을 되풀이합니다.

3 열다섯째 코까지 뜬 뒤에 앞단의 고리를 앞쪽으로 넘깁니다.

4 열여섯째 짧은뜨기의 머리에 코바늘을 넣고 빼뜨기를 합니다.

5 빼뜨기를 한 모습.

6 계속해서 빼뜨기를 하며 한 바퀴를 뜹니다.

7 마지막은 실을 당겨서 10cm 정도 실 끝을 남기고 자릅니다.

9 체인 잇기를 해서 마무리한다

1 돗바늘에 실 끝을 꿰고, 첫 빼뜨기 머리에 뒤에서 앞으로 바늘을 넣습니다.

2 마지막 빼뜨기 머리의 뒤쪽 반코에 앞에서 뒤로 돗바늘을 넣어서 당깁니다. 체인 잇기를 완성했습니다.

10 마무리

1 뜨개바탕 안쪽에 세로로 돗바늘을 넣어서 실을 처리합니다.

2 겉쪽의 위 가장자리의 좌우 중심에 단추를 달아서 완성합니다.

3

뜨개실 세 줄로 도톰하게 뜨는 가방

뜨개실 세 가닥을 한 번에 잡아 뜨면 큼직한 가방이라도
짧은 시간에 완성할 수 있습니다. 바닥이 둥글어서
깊기 때문에 물건을 많이 넣을 수 있어요.
가방을 뜨는 도중에 손잡이 다는 방법은
요령만 알면 아주 쉬워요. 실이나 손잡이 소재를
다르게 변형하고 싶은 분은 동영상을 참고하세요.

Level : ★☆☆

다양한 색으로 가방을 떠서 옷에 맞게 코디네이션해보세요!

동영상에서는 다른 실로 뜹니다.

바닥이 탄탄해서 가방을 세울 수 있습니다.

How to make

준비물

- **실**　A　mite
  　　　11번(마졸리카블루) ········· 75g
  　　　14번(연회색) ··················· 75g
  　　　B mite 8번(겨자색) ········· 143g

- **바늘**　코바늘 8mm, 돗바늘

- **그 외**　가방 손잡이(안지름 11cm, 바깥지름 13cm)
  　　　　A 베이지, B 투명 1쌍씩

완성 치수

W 약 31cm × H 약 18cm × D 약 18cm

뜨개 도안 보는 법

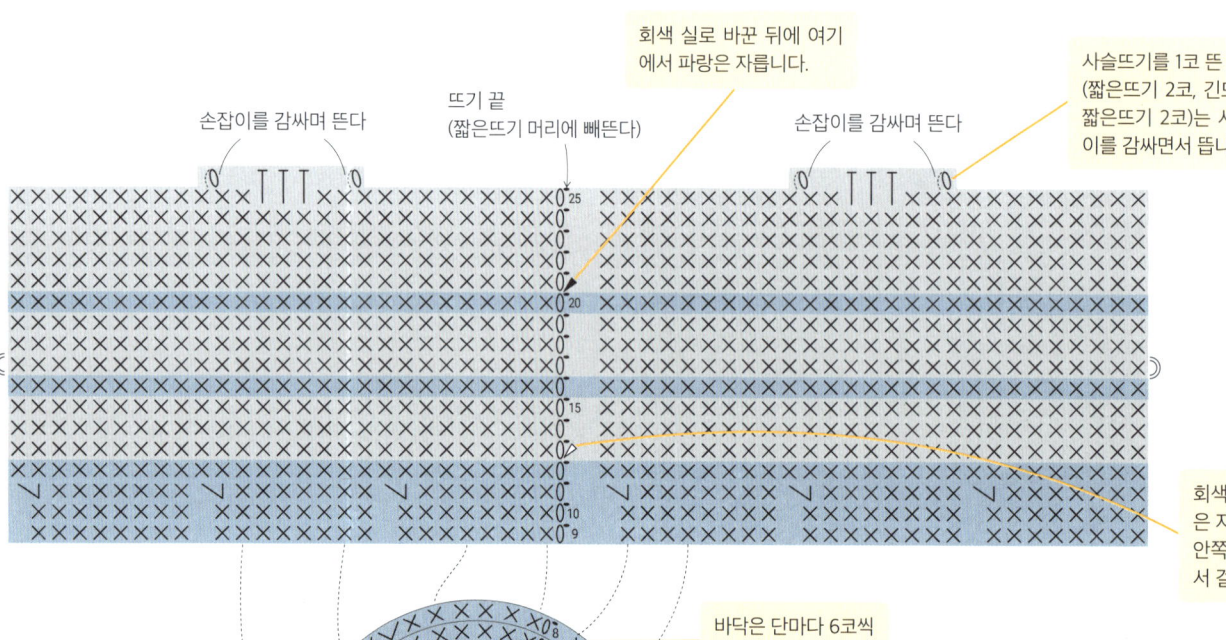

- ● = 빼뜨기
- ○ = 사슬뜨기
- × = 짧은뜨기
- ∨ = ⩔ = 짧은뜨기 2코 늘려뜨기
- T = 긴뜨기
- ▷ = 실을 잇는다
- ▶ = 실을 자른다

▨ = 연회색
▨ = 마졸리카블루

※ 본문 안에서 연회색은 '회색', 마졸리카블루는 '파랑'으로 표기했습니다.

● 콧수표

단수	콧수	증감
25	54코	증감 없음
12~24	54코	
11	54코	+6코
9~10	48코	증감 없음
8	48코	단마다 +6코
7	42코	
6	36코	
5	30코	
4	24코	
3	18코	
2	12코	
1	6코	

※ A로 설명했습니다. B는 실 색을 바꾸지 않고 한 가지 색으로 끝까지 뜹니다.

1 원형코를 만들어서 뜨기 시작한다

1 실을 3겹으로 합니다.

2 P.8·1과 같은 방법으로 원형 코를 만들고 코바늘에 실을 겁니다.

3 **기둥코로 사슬뜨기**를 1코 뜬 뒤에 짧은뜨기를 6코 뜹니다.

4 P.9·4와 같은 방법으로 중심의 원형코를 조이고 첫 짧은뜨기 머리에 빼뜹니다. 첫째 단을 완성했습니다.

2 코를 늘리면서 바닥을 뜬다

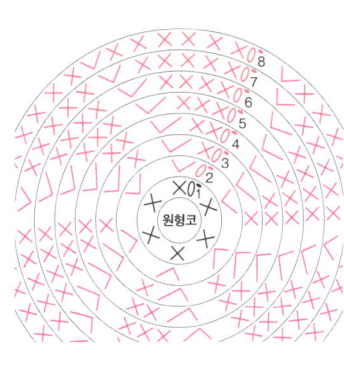

1 둘째 단은 **짧은뜨기 2코 늘려뜨기**(→ P.26)를 되풀이하면서 코를 늘립니다.

2 둘째 단을 뜬 모습. 12코로 늘었습니다.

3 셋째 단부터도 **짧은뜨기 2코 늘려뜨기**를 뜨개 도안대로 넣어서 코를 늘립니다.

3 옆면은 실 색을 바꾸면서 뜬다

1 열두째 단의 마지막 빼뜨기에서 색을 바꿉니다. 먼저 첫 짧은뜨기 머리에 코바늘을 넣습니다.

2 코바늘 끝에 지금까지 떴던 파랑 실을 앞에서 뒤로 겁니다.

3 새로 바꿀 회색 실을 왼손에 겁니다.

4 코바늘 끝에 회색 실을 뒤에서 앞으로 걸고 화살표 방향으로 빼냅니다.

5 빼낸 모습.

6 파랑 실을 당겨서 코를 조입니다. 열두째 단을 완성했습니다.

7 **기둥코로 사슬뜨기** 1코를 회색 실로 뜹니다. 파랑 실은 자르지 말고 쉬게 둡니다.

8 회색 실로 1단을 뜨고 첫 짧은뜨기 머리에 바늘을 넣습니다.

9 지금까지 뜬 회색 실을 빼내기 전에 열두째 단까지 뜬 파랑 실을 코바늘 끝에 앞에서 뒤로 겁니다.

10 코바늘 끝에 회색 실을 뒤에서 앞으로 걸고 화살표 방향으로 빼냅니다.

11 빼낸 모습. 열셋째 단을 완성했습니다. 9~10을 단마다 하면서 파랑 실을 세로로 걸칩니다.

12 뜨개바탕 안쪽에 실이 세로로 걸쳐진 상태.

13 스무째 단에서 다시 회색 실로 바꾼 뒤에 파랑은 10cm 정도 실 끝을 남기고 자릅니다.

14 파랑 실을 뜨는 방향에 나란히 놓고, 회색 실로 파랑 실을 감싸면서 짧은뜨기를 합니다.

15 파랑 실을 감싸면서 짧은뜨기를 5~6코 뜹니다.

16 파랑 실을 자릅니다.

memo

● **실 잇기**
알아보기 쉽게 다른 색 실을 사용했습니다.

① 짧은뜨기를 완성하기 전에 새 실을 왼손에 걸어서 잡습니다.

② 떨어진 실과 새 실의 실 끝을 안쪽에서 단단히 누르고, 코바늘 끝에 새 실을 걸고 화살표 방향으로 빼내서 짧은뜨기를 완성합니다.

③ 짧은뜨기를 완성한 모습.

④ 예전 실과 새 실의 실 끝을 뜨는 방향으로 나란히 놓고, 두 가지 색 실 끝을 감싸며 짧은뜨기를 합니다.

⑤ 새 실로 짧은뜨기를 1코 뜬 모습.

⑥ 5~6코 감싸며 뜬 뒤에 예전 실과 새 실의 끝을 각각 자릅니다.

4 손잡이를 감싸며 뜬다

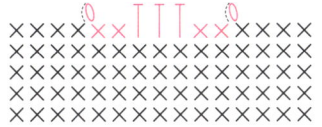

1 스물다섯째 단은 짧은뜨기를 10코 뜬 뒤에 가방 손잡이를 감싸며 뜹니다.

2 먼저 사슬뜨기를 1코 뜹니다.

3 뜨개바탕 앞에 손잡이를 사진처럼 댑니다.

4 손잡이 안쪽에서 열한째 짧은뜨기의 머리에 코바늘을 넣고, 코바늘 끝에 실을 걸어서 화살표 방향으로 끌어냅니다.

5 손잡이 너비만큼의 높이가 될 때까지 실을 끌어냅니다.

6 코바늘 끝에 실을 걸고 짧은뜨기를 합니다.

7 짧은뜨기를 한 모습.

8 다음 코도 같은 방법으로 짧은뜨기를 합니다.

9 계속해서 긴뜨기 3코, 짧은뜨기 2코를 뜹니다.

10 사슬뜨기를 1코 뜹니다.

11 다음 코부터는 다시 보통으로 짧은뜨기를 하고, 반대쪽도 정해진 위치에서 같은 방법으로 손잡이를 감싸며 뜹니다.

memo ● 기둥코로 뜨는 사슬뜨기 높이

기둥코에 필요한 사슬뜨기의 높이

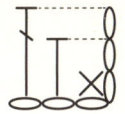

짧은뜨기는 사슬뜨기 1코분, 긴뜨기는 사슬뜨기 2코분, 한길긴뜨기는 사슬뜨기 3코분입니다.

짧은뜨기일 때

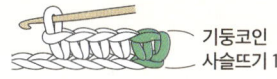

기둥코인 사슬뜨기는 1코로 세지 않습니다.

긴뜨기일 때

※ 받침코는 시작코의 마지막 코가 되며, 짧은뜨기는 여기에 첫 코를 뜨지만 긴뜨기와 한길긴뜨기는 코를 뜨지 않습니다.

기둥코인 사슬뜨기는 1코로 세지 않습니다.

한길긴뜨기일 때

기둥코인 사슬뜨기는 1코로 세지 않습니다.

이 책에 나오는 뜨개기호와 뜨는 법

사슬뜨기

1	2	3
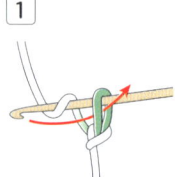	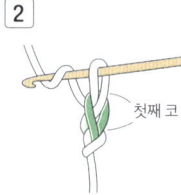	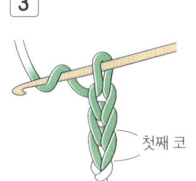
바늘에 실을 건다(P. 16-1). 코바늘 끝에 실을 걸고 빼낸다.	사슬뜨기를 1코 뜬 모습.	코바늘 끝에 실을 걸고 빼내는 과정을 되풀이한다.

짧은뜨기

1	2	3	4
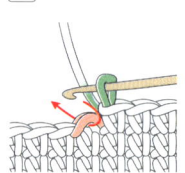	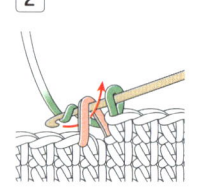	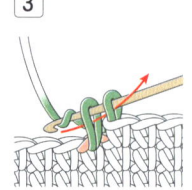	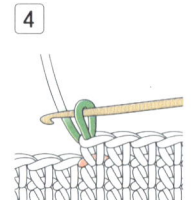
앞단 코의 머리 2가닥에 코바늘 끝을 넣는다.	바늘 끝에 실을 걸고 화살표처럼 끌어낸다.	다시 한 번 바늘 끝에 실을 걸고 화살표처럼 빼낸다.	짧은뜨기 완성. 사슬뜨기 1코만큼의 높이가 생기는 뜨개법이다.

긴뜨기

1	2	3	4
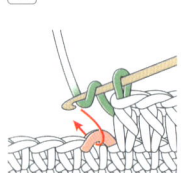	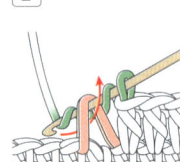	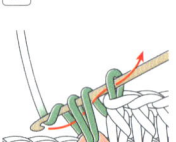	
코바늘 끝에 실을 걸고 앞단 코의 머리 2가닥에 코바늘을 넣는다.	바늘 끝에 실을 걸고 화살표 방향으로 끌어낸다.	다시 한 번 바늘 끝에 실을 걸고 화살표 방향으로 빼낸다.	긴뜨기 완성. 사슬뜨기 2코만큼의 높이가 생기는 뜨개법이다.

빼뜨기

1	2	3
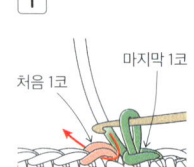	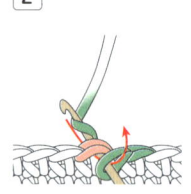	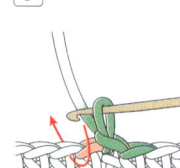
앞단 코의 머리 2가닥에 코바늘을 넣는다.	코바늘 끝에 실을 걸어서 빼낸다.	빼뜨기 완성. 높이가 생기지 않는 뜨개법이다.

한길긴뜨기

1	2	3	4	5
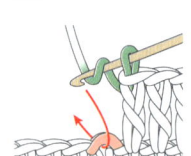	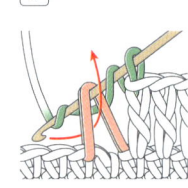	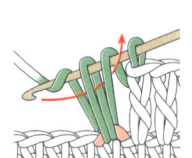	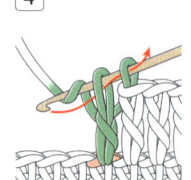	
코바늘 끝에 실을 걸고 앞단 코의 머리 2가닥에 코바늘을 넣는다.	바늘 끝에 실을 걸고 화살표처럼 끌어낸다.	다시 바늘 끝에 실을 걸고 화살표처럼 빼낸다.	다시 한 번 바늘 끝에 실을 걸고 화살표처럼 빼낸다.	한길긴뜨기 완성. 사슬뜨기 3코만큼의 높이가 생기는 뜨개법이다.

짧은뜨기로 하는 줄기뜨기

1	2
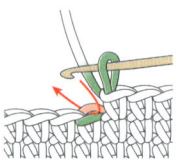	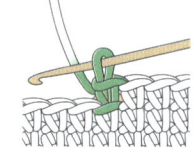
앞단 코의 머리 뒤쪽 반코에 코바늘을 넣고 짧은뜨기를 한다.	줄기뜨기 완성. 앞쪽 반코의 실이 줄기처럼 남는다.

짧은뜨기 2코 늘려뜨기

1	2	3
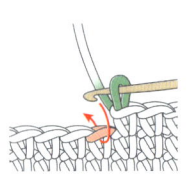		
앞단 코의 머리 2가닥에 코바늘을 넣고 짧은뜨기를 1코 뜬다.	같은 코에 한 번 더 짧은뜨기를 한다.	**짧은뜨기 2코 늘려뜨기** 완성. 1코가 늘어났다.

짧은뜨기 2코 모아뜨기

1	2	3	4
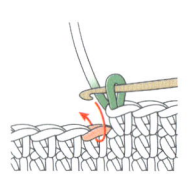		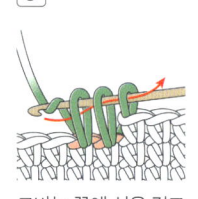	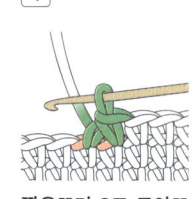
앞단 코의 머리에 코바늘을 넣고 사슬뜨기 1코 높이만큼 실을 끌어낸다.	다음 코에도 마찬가지로 코바늘을 넣고 사슬뜨기 1코 높이만큼 실을 끌어낸다.	코바늘 끝에 실을 걸고 화살표처럼 빼낸다.	**짧은뜨기 2코 모아뜨기** 완성. 1코가 줄었다.

한길긴뜨기 2코 늘려뜨기

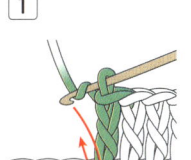
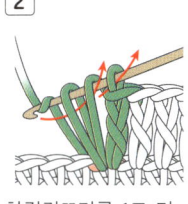
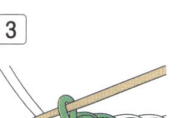

1 앞단 코에 한길긴뜨기를 한다. 같은 코에 코바늘을 넣는다.

2 한길긴뜨기를 1코 더 뜬다.

3 **한길긴뜨기 2코 늘려뜨기** 완성. 1코가 늘어났다.

 긴뜨기 2코 늘려뜨기

 한길긴뜨기 5코 늘려뜨기

한길긴뜨기 2코 늘려뜨기와 마찬가지로 각각 같은 코에 떠 주는 기호.

● 코 아래에서 주워서 뜨기

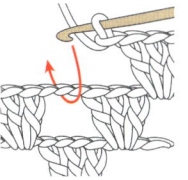

앞단의 사슬코를 가르고 코바늘을 넣어서 뜨는 것이 아니라 전체를 다 주워서 뜨는 것을 '코 아래에서 주워서 뜨기'라고 한다. 뜨개기호 아래가 떨어져 있으면 코 아래에서 주워서 뜬다는 뜻이다.

긴뜨기 3코 구슬뜨기

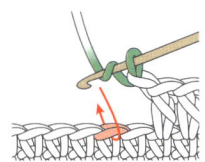

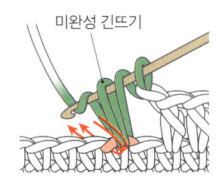

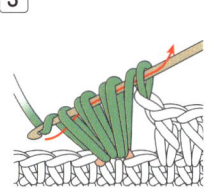

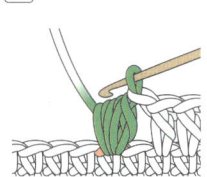

1 코바늘 끝에 실을 걸고 앞단 코의 머리 2가닥에 코바늘을 넣어서 실을 조금 길게 끌어낸다.

2 다시 코바늘 끝에 실을 걸고 같은 코에 코바늘을 넣어서 실을 조금 길게 끌어낸다. 똑같은 과정을 한 번 더 되풀이한다. (미완성 긴뜨기)

3 코바늘 끝에 실을 걸고 화살표 방향으로 빼낸다.

4 **긴뜨기 3코 구슬뜨기** 완성.
※ **긴뜨기 2코 구슬뜨기**도 같은 요령으로 뜬다.

● '미완성'이란

실을 한 번 더 빼내면 뜨개코가 완성되는 상태를 **미완성 긴뜨기**, **미완성 한길긴뜨기**라고 한다.

● 단추 다는 법

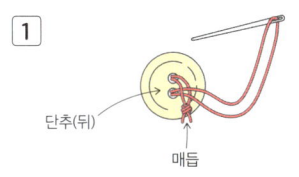

1 바늘에 실을 꿰고 매듭을 지은 뒤에 단춧구멍에 그림처럼 통과시킨다.

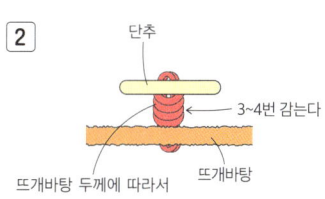

2 뜨개바탕에 실을 통과시켜서 단추를 단 뒤에 실기둥에 3~4번 실을 감는다. 뜨개바탕 안쪽에서 매듭을 짓고, 뜨개바탕 겉쪽으로 실을 빼서 자른다.

한길긴뜨기 2코 구슬뜨기

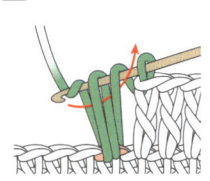

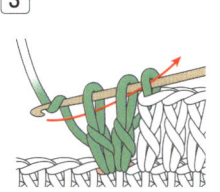
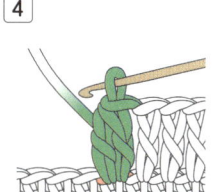

1 코바늘 끝에 실을 걸고 앞단 코의 머리 2가닥에 코바늘을 넣어서 실을 조금 길게 끌어낸 뒤에 화살표 방향으로 빼낸다.

2 미완성 한길긴뜨기를 1코 뜬 상태다. 다시 코바늘 끝에 실을 걸고 같은 코에 코바늘을 넣어서 미완성 한길긴뜨기를 1코 더 뜬다. (미완성 한길긴뜨기)

3 코바늘 끝에 실을 걸고 화살표 방향으로 빼낸다.

4 **한길긴뜨기 2코 구슬뜨기** 완성.
※ **한길긴뜨기 3코 구슬뜨기**도 같은 요령으로 뜬다.

---

memo

● 코 줍기

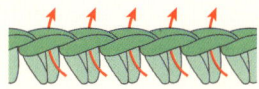
앞단 코의 머리 2가닥을 줍는다.

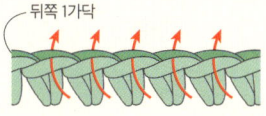
(뒤쪽 1가닥) 앞단 코의 머리 뒤쪽 반코를 줍는다.

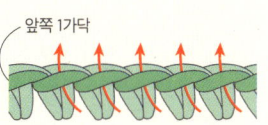
(앞쪽 1가닥) 앞단 코의 머리 앞쪽 반코를 줍는다.

뜨개코 머리

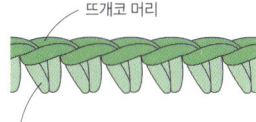

※ 뜨개코 머리의 아랫부분은 '다리'라고 부른다.

이 책에 나오는 실 소개

이 책에 게재된 작품은 Pierrot Yarns 실을 사용해서 만들었습니다. [구입처] http://www.rakuten.ne.jp/gold/gosyo/
예고 없이 품절되거나 판매종료될 수 있습니다.

1. 소프트 메리노 [214] : 모(메리노 울) 100%. 고품질 메리노 울을 사용. 폭신하고 부드러워서 피부에 닿는 느낌이 좋습니다. 코바늘 5/0~7/0호.

2. 소프트 메리노 극태 [521] : 모(메리노 울) 100%. 폭신하고 따스해서 소프트 메리노와 마찬가지로 피부에 닿는 느낌이 좋습니다. 극태사라서 빠르게 뜰 수 있습니다. 코바늘 8/0~10/0호.

3. 항균 방취 아크릴 병태 [1277] : 아크릴 100%. 가볍고 튼튼하며 촉감이 부드럽습니다. 세균 번식을 억제하고 방취 효과를 기대할 수 있는 가공을 했습니다. 코바늘 5/0호.

4. Raffia(라피아) [663] : 레이온 100%. 가볍고 색이 예쁘게 나와서 가방이나 모자에 적합한 여름용 실입니다. 뜨개코도 고르게 뜨기 쉬워서 초보자에게도 추천합니다. 코바늘 6/0호.

5. 아미안 Wide(와이드) [1280] : 분류 외 섬유(일본 종이) 100%. 일본 종이가 갖는 아름다움에 매끈한 질감과 화려함과 부드러움을 겸비한 실입니다. 코바늘 7/0~9/0호.

6. 코튼 니트(S)·라메 Tiara(티아라) [1262] : 면 95%·폴리에스테르 5%. 인기 있는 코튼 니트(S)에 고급스러운 라메의 반짝임을 더했습니다. 코바늘 4/0~6/0호.

7. NEW 아미 코튼(가는 타입) [575] : 면 100%. 꼬임이 단단하게 들어가 있어서 실이 갈라질 염려가 없습니다. 뜨개바탕은 두툼한 감촉이 됩니다. 코바늘 6/0~8/0호.

8. mite(미테) [1232] : 아크릴 70%·지정 외 섬유(EKS) 30%. 따스하고 흡습성이 뛰어난 섬유를 사용했으며 부드러운 감촉입니다. 코바늘 6/0~8/0호.

9. Pochette(포셰트) [425] : 면 50%·모(방축 메리노 울) 50%. 코튼의 부드러움과 울의 따스함을 갖춘 중세~합태 타입의 실. 코바늘 3/0~4/0호.

10. 순모 중세 [5] : 모 100%(속 메리노 울 40%). 폭신하고 부드러우며 뜰 때 매끄러운 느낌입니다. 광택도 있어서 우아한 느낌의 작품을 만들 수 있습니다. 코바늘 2/0~4/0호.

11. MIEL(미엘) [808] : 황마 100%. 주트라고도 부르는 황마로 만든 천연섬유 실입니다. 자연스러운 감촉과 매끈한 질감이 매력적입니다. 코바늘 5/0~7/0호.

12. WHIPS(휩스) [360] : 아크릴 58%·나일론 30%·모 12%. 심지 실을 폭신폭신한 기모로 싸서 만든 부드러운 촉감의 실입니다. 코바늘 7/0~8/0호.

13. Framboise(프랑부아즈) [355] : 면 70%·아크릴 25%·나일론 5%. 여러 가지 색깔의 털실 방울이 비슷한 간격으로 나타나서 뜨개바탕을 꾸며 줍니다. 코바늘 3/0~4/0호.

14. 베이식 코튼·베이식 코튼 컬러스 [FG756] : 면 100%. 산뜻한 면의 질감과 부드러움을 모두 갖췄습니다. 색도 풍부해서 언제나 인기 있는 실입니다. 코바늘 2/0~4/0호.

15. 코튼 니트(S) [665] : 면 100%. 꼬임이 느슨해서 가볍고 피부에 닿는 느낌도 좋은 실입니다. 병태 타입이라 어느 계절에나 사용할 수 있습니다. 코바늘 4/0~6/0호.

16. sprinkle(스프링클) [1269] : 면 100%. 계속 뜨면 그러데이션 줄무늬가 나타납니다. 코바늘 4/0~6/0호.

17. 산뜻한 코튼 40 [178B] : 면 100%. 사각사각한 질감이라서 바늘이 미끄러지는 느낌이 뛰어납니다. 옷에서부터 소품까지 뭐든지 뜰 수 있는 실입니다. 코바늘 2/0~3/0호.

18. Olivia(올리비아) [1241] : 면 50%·나일론 50%. 색깔은 자연스러운 멜란지 타입이고 매끄럽고 폭신한 촉감입니다. 코바늘 4/0~6/0호.

PART 2

손쉽게 만드는 손뜨개 소품

일상에서 짬이 날 때 가벼운 마음으로 조금씩 떠서 완성할 수 있는 작품을 모았습니다. 크기는 작지만 다 떴을 때의 만족감은 각별하답니다. 특히 초보자인 분은 큰 작품에 도전했다가 좌절하는 것보다 조그만 작품을 완성하며 성공 체험을 해 나가다 보면 손뜨개가 점점 더 좋아질 거예요.

쉬운 작품부터 시작해 봐요!

동영상에서는 굵기가 다른 실 1겹으로 뜹니다.

4

간단한 짧은뜨기 필통

지퍼 파우치(P.70)와 마찬가지로 지퍼 크기에 맞춰서 뜨개 바탕을 뜨는 간단한 필통입니다. 동영상을 공개한 후로 많은 사람이 만들었습니다. 지퍼는 글루건이나 수예용 접착제로 붙입니다. 자투리 실을 처치하기에도 좋은 아이템이에요.

How to make P.32

Level : ★☆☆

5
컵 모양 소품함

스타 스티치로 미니 바구니를 뜨다가 문득 손잡이를 달아 보면 어떨까 하는 생각이 들어서 이 컵 모양이 탄생했습니다. 사탕이나 과자를 담아서 손님에게 내거나 수예에서 쓰는 아이템을 넣어 둬도 좋아요. 귀엽고도 편리합니다.

How to make P.34

Level : ★★★

동영상에서는 다른 실로 뜹니다.

4 간단한 짧은뜨기 필통

준비물

- **실** A WHIPS 07번(라벤더시럽) ·········· 18g
         Framboise 06번(프랑부아즈) ···· 13g
         B WHIPS 11번(셔벗그린) ············ 25g

- **바늘** 코바늘 8/0호, 돗바늘, 손바늘

- **그 외** 20cm 지퍼 1개, 시침 클립(나무집게나 빨래집게도 가능) 2개, 글루건이나 수예용 접착제, 재봉실

완성 치수

W 약 21cm × H 약 8.5cm

뜨개 도안의 포인트

만드는 법
※ 실은 모두 2겹으로 뜨다

1. 뜨개바탕을 잇는 용으로 실 끝에서 1m 정도 길이를 남겨 두고 코바늘에 실을 건다. → P.16 · 1
2. 사슬뜨기를 24코 뜨고, 지퍼의 금속 부분의 좌우 너비보다 각 3mm 정도 길어질 때까지 왕복뜨기로 짧은뜨기를 한다.
3. 뜨기 끝은 뜨개바탕을 잇는 용으로 실 끝을 1m 남기고 자른다.
4. **Point** 뜨개바탕 가장자리에 지퍼를 붙인다. → P.33
5. **Point** 뜨개바탕을 겉끼리 맞닿게 반으로 접고 옆선을 짧은뜨기로 잇는다. → P.33
6. 지퍼 끝은 세모꼴로 접어서 꿰매어 고정한다. → 그림, P.74 · 9

※ 동영상에서는 글루건을 사용하지만, 세밀한 작업이고 뜨거워서 데이기 쉬우므로 주의한다. 실로 꿰매서 지퍼를 다는 방법도 있다.

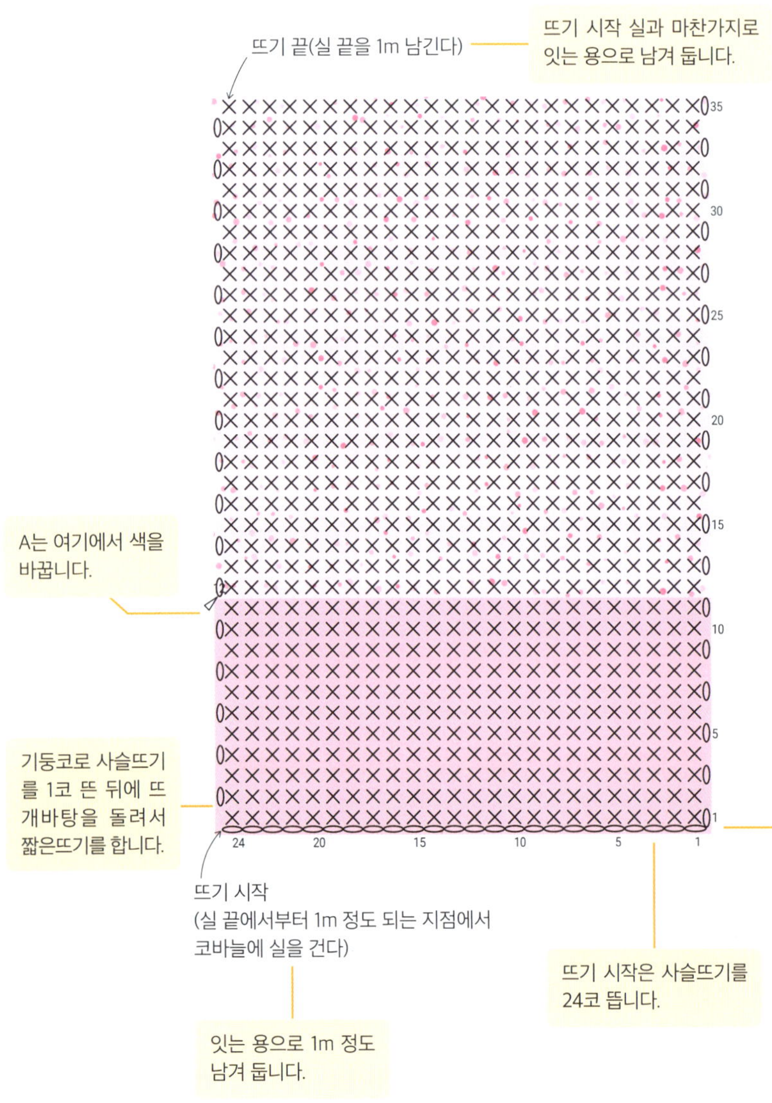

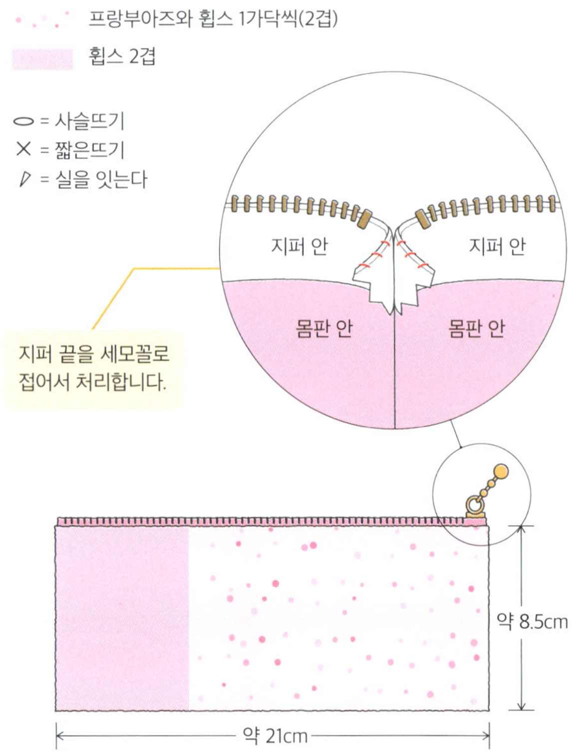

Point

4 지퍼를 단다
※ 수예용 접착제로 다는 법은 P.74에 있습니다.

1 뜨개바탕 가장자리와 지퍼 한쪽을 겹쳐서 시침 클립으로 고정합니다.

2 글루건으로 가운데를 먼저 붙입니다.

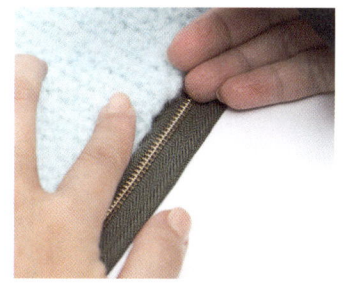
3 뜨거우니 데이지 않도록 주의하며 뜨개바탕을 고정합니다.

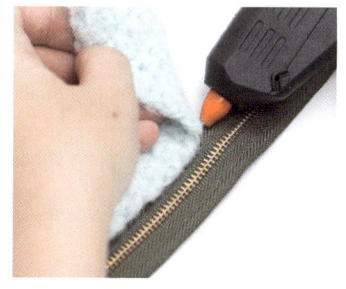
4 다음은 양 끝을 한쪽씩 붙입니다.

5 뜨개바탕 한쪽에 지퍼를 붙인 모습.

6 뜨개바탕을 접어서 반대쪽 가장자리도 지퍼와 겹쳐서 양 끝을 시침 클립으로 고정합니다.

7 2~4와 같은 방법으로 붙입니다.

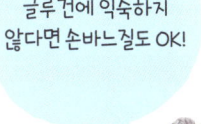
글루건에 익숙하지 않다면 손바느질도 OK!

5 짧은뜨기로 잇기를 한다

1 뜨개바탕을 겉끼리 맞닿게 접습니다.

2 가장 끝 코의 머리에 코바늘을 앞쪽에서 넣고, 계속하여 뒤쪽 뜨개바탕의 코 머리에 코바늘을 넣습니다.

3 코바늘 끝에 실을 걸고 끌어내어 사슬뜨기를 1코 뜹니다.

4 2와 같은 곳에 코바늘을 넣습니다.

5 짧은뜨기를 합니다.

6 4~5와 같은 방법으로 끝까지 짧은뜨기를 하여 뜨개바탕을 잇습니다.

7 실 끝을 10cm 정도 남기고 실을 자른 뒤에 실을 처리합니다. 반대쪽도 같은 방법으로 잇습니다.

8 지퍼 끝 부분을 처리하고(→ P.74·9) 뜨개바탕을 겉으로 뒤집으면 완성입니다.

5 컵 모양 소품함

준비물

- **실**　A 순모 중세
    - a　433번(라즈베리핑크) ······ 5g
    - b　438번(연핑크) ············· 2g
    - c　422번(모카브라운) ········· 3g

  　B 순모 중세
    - a　435번(청록) ··············· 5g
    - b　423번(겨자색) ············· 2g
    - c　432번(은회색) ············· 3g

- **바늘**　코바늘 4/0호, 돗바늘

- **그외**　수예용 접착제

만드는 법

- **Point 1**　a색으로 사슬뜨기를 4코 뜨고 첫째 코에 빼떠서 원형코를 만든다. → P.35
- **Point 2 3 4 5 6**　뜨개 도안대로 스타 스티치를 3단 뜬다. → P.35~39
- **7**　계속해서 a색으로 옆면을 뜬다.
- **8**　마지막 빼뜨기를 할 때 b색으로 바꿔서 1단 뜬다.
- **9**　마지막 빼뜨기를 할 때 c색으로 바꿔서 1단 뜬다.
- **Point 10**　계속해서 손잡이를 뜨고 실을 정리한다. → P.39
- **Point 11**　손잡이 끝부분과 컵 옆면에 수예용 접착제를 문질러서 스며들게 한다. 그 부분에 다시 접착제를 칠해서 붙인다. → P.39

완성 치수

지름 약 6cm × H 약 4cm

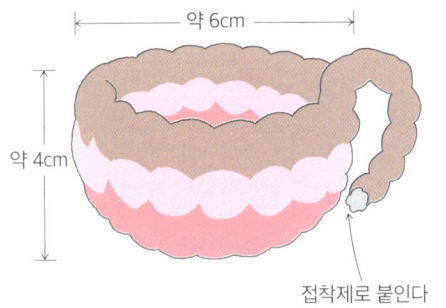

뜨개 도안의 포인트

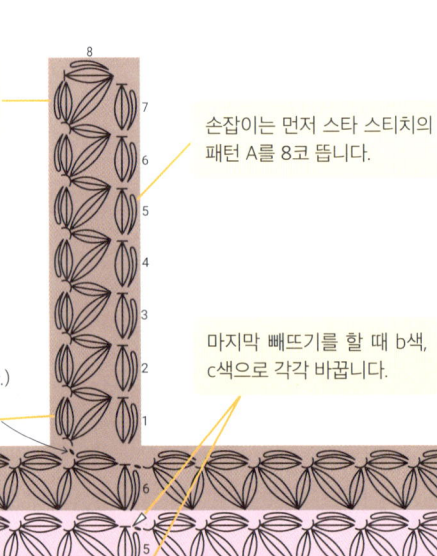

스타 스티치의 패턴 D를 뜨면서 되돌아갑니다.

손잡이는 먼저 스타 스티치의 패턴 A를 8코 뜹니다.

뜨기 끝
(여섯째 단의 구슬뜨기 3코 모아뜨기의 머리에 빼뜬다.)

마지막 빼뜨기를 할 때 b색, c색으로 각각 바꿉니다.

마지막은 스타 스티치의 패턴 B를 뜨고 옆 코(여섯째 단 패턴 D의 머리)에 빼뜹니다.

패턴 A~D를 조합한 스타 스티치를 뜹니다.

사슬뜨기 4코로 원형코를 만듭니다.

- ▬ = c색
- ▬ = b색
- ▬ = a색
- ● = 빼뜨기
- ○ = 사슬뜨기
- ⬭ = 긴뜨기 3코 구슬뜨기
- ▷ = 실을 잇는다

접착제로 붙인다

Point

1 사슬뜨기를 4코 떠서 원형코를 만든다

1 사슬뜨기를 4코 뜨고 첫 코에 코바늘을 넣습니다.

2 코바늘을 넣은 모습.

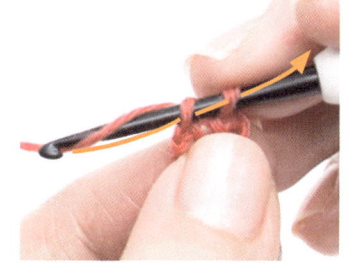
3 코바늘 끝에 실을 걸고 화살표 방향으로 빼냅니다.

4 원형코가 됐습니다.

2 스타 스티치 패턴 A를 뜬다

1 첫째 단을 뜹니다. 먼저 코바늘에 걸려 있는 실을 길게 끌어냅니다.

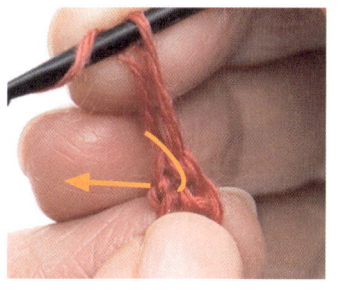
2 코바늘 끝에 실을 걸고 화살표처럼 사슬뜨기 원형코 안에 코바늘을 넣습니다.

3 코바늘을 넣은 모습.

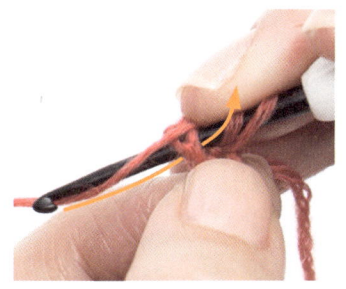
4 코바늘 끝에 실을 걸어서 끌어냅니다.

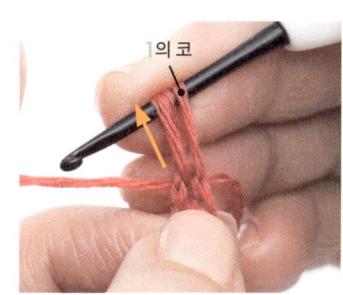
5 실을 끌어내서 1의 코 높이가 되도록 끌어당깁니다.

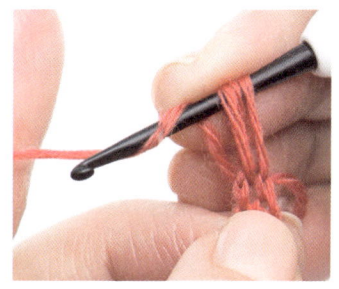
6 다시 코바늘 끝에 실을 겁니다.

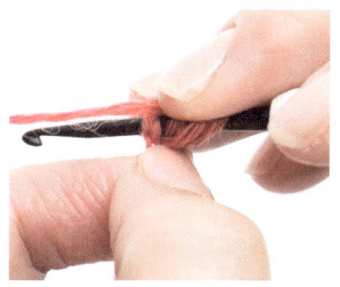
7 사슬뜨기 원형코 안에 코바늘을 넣습니다.

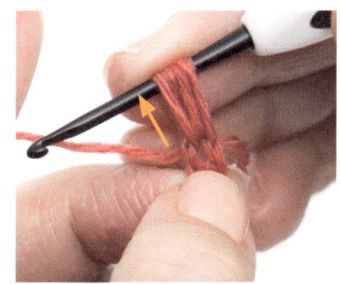
8 코바늘 끝에 실을 걸어서 끌어내어 나른 코와 같은 높이가 되도록 끌어당깁니다.

9 6~8을 한 번 더 되풀이합니다. 코바늘에 고리 7개가 걸려 있는 상태가 됩니다.

10 9의 ★ 위치를 왼손 엄지손가락과 가운뎃손가락으로 누릅니다.

11 ★을 누른 채, 코바늘 끝에 실을 겁니다.

12 코바늘에 걸려 있는 실 전부를 빼냅니다.

13 빼낸 상태. 아직 ★을 누르고 있습니다.

14 누르고 있던 실 안에 코바늘 끝을 넣습니다.

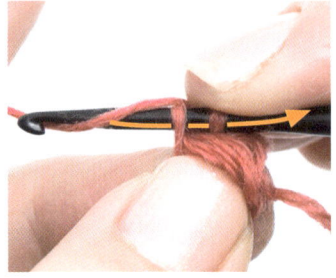
15 코바늘 끝에 실을 걸고 화살표 방향으로 빼냅니다.

16 빼낸 모습.

17 코바늘 끝에 실을 걸고 사슬뜨기를 1코 뜹니다.

18 **스타 스티치 패턴 A**를 완성했습니다.

첫째~셋째 단의 스타 스티치 패턴

컵 바닥은 A~D 네 가지 패턴으로 뜰 수 있어요.

모양이 이상해지지 않는지 확인하면서 뜨도록 하세요.

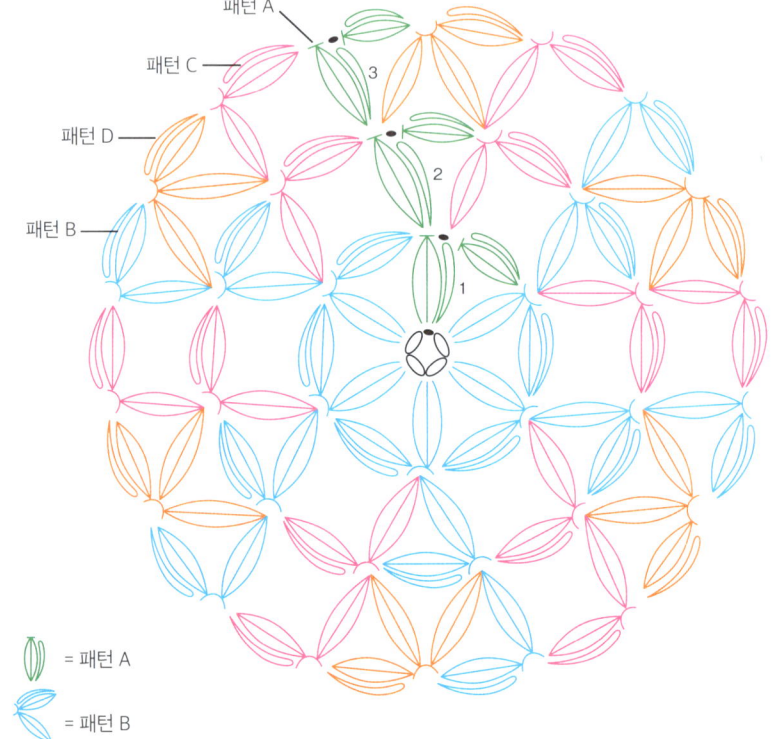

3 스타 스티치 패턴 B를 뜬다

1 코바늘에 걸려 있는 실을 길게 끌어내고, 화살표처럼 코바늘 끝에 실을 건 뒤에 밑부분의 코에 코바늘을 넣습니다.

2 코바늘 끝에 실을 걸고 1의 길이로 실을 끌어내는 과정을 3번 되풀이합니다.

3 다음은 코바늘 끝에 실을 걸고 사슬뜨기 원형코 안에 코바늘을 넣습니다.

4 코바늘 끝에 실을 걸어서 1의 길이로 끌어내는 과정을 3번 되풀이하고 P.35 · 9의 ★ 위치를 왼손 엄지손가락과 가운뎃손가락으로 누릅니다.

5 코바늘 끝에 실을 걸고 화살표 방향으로 빼냅니다.

6 빼낸 모습.

7 누르고 있던 실 안에 코바늘을 넣습니다.

8 코바늘 끝에 실을 걸고 사슬뜨기를 1코 뜹니다. **스타 스티치 패턴 B**를 완성했습니다.

4 첫째 단을 잇는다

1 첫째 단은 패턴 B를 4번 더 되풀이합니다.

2 패턴 A를 뜹니다. 마지막 사슬뜨기는 뜨지 않고 첫 패턴 A의 머리에 코바늘을 넣습니다.

3 코바늘을 넣은 모습. 빼뜨기를 합니다. 단마다 마지막은 사슬뜨기 대신에 빼뜨기를 합니다.

4 첫째 단을 완성했습니다.

5 스타 스티치 패턴 C를 뜬다

둘째 단은 패턴 A, B, C를 조합하는 거예요.

1 둘째 단은 먼저 패턴 A를 뜹니다.

2 실을 길게 끌어낸 뒤에 1에서 뜬 패턴 A의 머리에 코바늘을 넣고 실을 끌어내는 과정을 3번 되풀이합니다.

3 코바늘 끝에 실을 겁니다.

4 **3**의 사진의 ◎ 위치(앞단의 패턴 B 머리)에 코바늘을 넣습니다.

5 넣은 모습.

6 코바늘 끝에 실을 걸어서 끌어내는 과정을 3번 되풀이합니다.

7 **6**의 사진의 ★ 위치를 누르고 코바늘 끝에 실을 걸어서 화살표 방향으로 빼냅니다.

8 코바늘에 걸려 있는 실을 모두 빼낸 모습.

9 누르고 있던 실 안에 코바늘을 넣고 실을 겁니다.

10 빼냅니다.

11 사슬뜨기를 1코 뜹니다. 2~11까지가 패턴 C입니다. 둘째 단은 패턴 C, B를 되풀이합니다.

6 스타 스티치 패턴 D를 뜬다

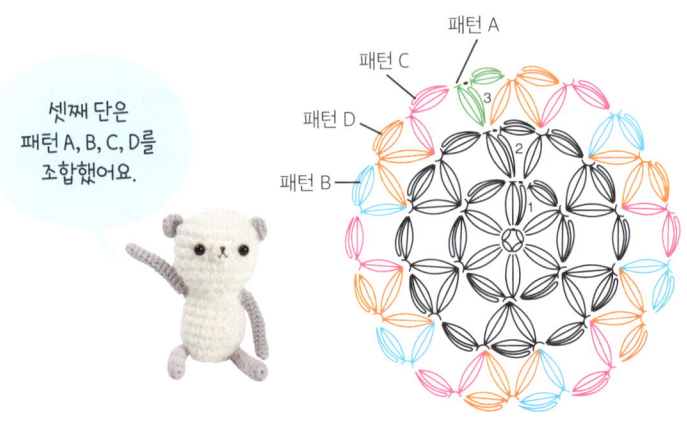

셋째 단은 패턴 A, B, C, D를 조합했어요.

1 셋째 단은 패턴 A를 뜬 뒤에 패턴 C를 뜹니다. 다음은 패턴 D를 뜹니다.

2 먼저 실을 길게 끌어낸 뒤에 직전에 뜬 패턴 A의 머리에 코바늘을 넣고 실을 끌어내는 과정을 3번 되풀이합니다.

3 실을 걸고 **2**의 ◎ 위치에 코바늘을 넣어서 실을 끌어내는 과정을 3번 되풀이합니다.

4 실을 3번 끌어낸 모습.

5 코바늘 끝에 실을 걸고 **4**의 ◆ 위치에 코바늘을 넣습니다.

6 실을 끌어내는 과정을 3번 되풀이합니다.

7　6의 사진의 ★ 위치를 누르면서 코바늘 끝에 실을 걸어서 빼냅니다.

8　누르고 있던 실 안에 코바늘을 넣고 실을 걸어서 빼냅니다.

9　사슬뜨기를 1코 뜹니다. 패턴 D를 완성했습니다. 이 뒤에 패턴 B, C, D를 되풀이합니다.

10 손잡이를 뜬다

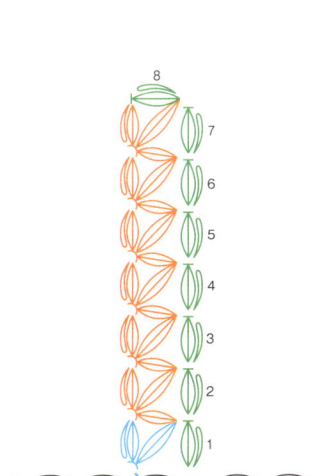

1　패턴 A를 8코 뜹니다.

2　패턴 D를 뜹니다.

3　패턴 D를 뜬 모습. 5번 더 되풀이합니다.

4　마지막은 패턴 B를 뜨고 여섯째 단의 패턴 D 머리에 빼뜹니다.

5　실을 끌어내서 자릅니다.

11 손잡이를 붙인다

1　손잡이 끝의 안쪽에 접착제를 칠합니다.

2　문질러서 스며들게 합니다.

3　컵 쪽에도 접착제를 칠하고 문질러서 스며들게 합니다.

4　다시 같은 부분에 접착제를 칠해서 이번에는 문지르지 말고 붙입니다.

동영상에서는
다른 실로 뜹니다.

6

바구니뜨기로 만드는 수세미

뜨개바탕이 올록볼록해서 그릇을 쉽게 닦을 수 있고
세제 없이도 다양한 곳을 청소할 수 있습니다.
설거지를 하거나 싱크대를 닦아도 좋고,
마른 상태로 사용하면 먼지를 털기도 좋습니다.
원통 모양으로 떴기 때문에 수세미 안에 손을 넣고
사용할 수 있습니다. 우리 집에서는 청소하는
장소에 따라 색으로 구분해 싱크대 안에 쌓아 둡니다.

How to make P.42

Level : ★☆☆

7

텀블러 가방

손잡이 부분을 가방이나 백팩, 유아차에 걸어서
사용할 수 있어요. 손잡이 한쪽을 열 수 있어서
텀블러나 페트병을 넣고 빼기 편해요.
손잡이를 길게 떠서 어깨에 거는 디자인으로
만들어도 좋습니다. 바닥에서부터 손잡이까지
단숨에 떠서 완성할 수 있어요.

How to make P.44

Level : ★☆☆

동영상에서는
다른 실로 뜹니다.

500ml 용량 페트병을 딱 맞게 넣을 수 있습니다.

6 바구니뜨기로 만드는 수세미

준비물

- **실**
  - A 항균 방취 아크릴 병태 23번(빨강) ········ 14g
  - B 항균 방취 아크릴 병태 25번(노랑) ········ 14g
  - C 항균 방취 아크릴 병태 27번(연두) ········ 14g

- **바늘** 코바늘 7/0호, 돗바늘

완성 치수

W 약 8cm × H 약 8.5cm

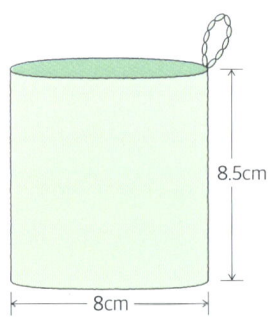

A  B 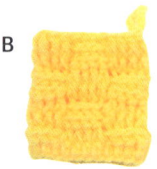 C

만드는 법

Point 1 사슬뜨기를 24코 뜨고 첫 코에 빼떠서 고리 모양으로 만든다. → P.43

2 첫째 단은 기둥코로 사슬뜨기를 3코 뜨고 한길긴뜨기를 한다.

Point 3 둘째 단은 한길긴뜨기 뒤걸어뜨기를 4코, 한길긴뜨기 앞걸어뜨기를 4코씩 교대로 뜬다. → P.43

4 셋째~넷째 단은 한길긴뜨기 앞걸어뜨기를 4코, 한길긴뜨기 뒤걸어뜨기를 4코씩 교대로 뜬다.

5 다섯째~여섯째 단은 한길긴뜨기 뒤걸어뜨기를 4코, 한길긴뜨기 앞걸어뜨기를 4코씩 교대로 뜬다.

6 일곱째~여덟째 단은 한길긴뜨기 앞걸어뜨기를 4코, 한길긴뜨기 뒤걸어뜨기를 4코씩 교대로 뜬다.

7 여덟째 단의 마지막 빼뜨기를 한 뒤에 사슬뜨기를 10코 뜨고 여덟째 단의 앞걸어뜨기 머리에 빼뜨기를 해서 고리를 만든다.

뜨개 도안의 포인트

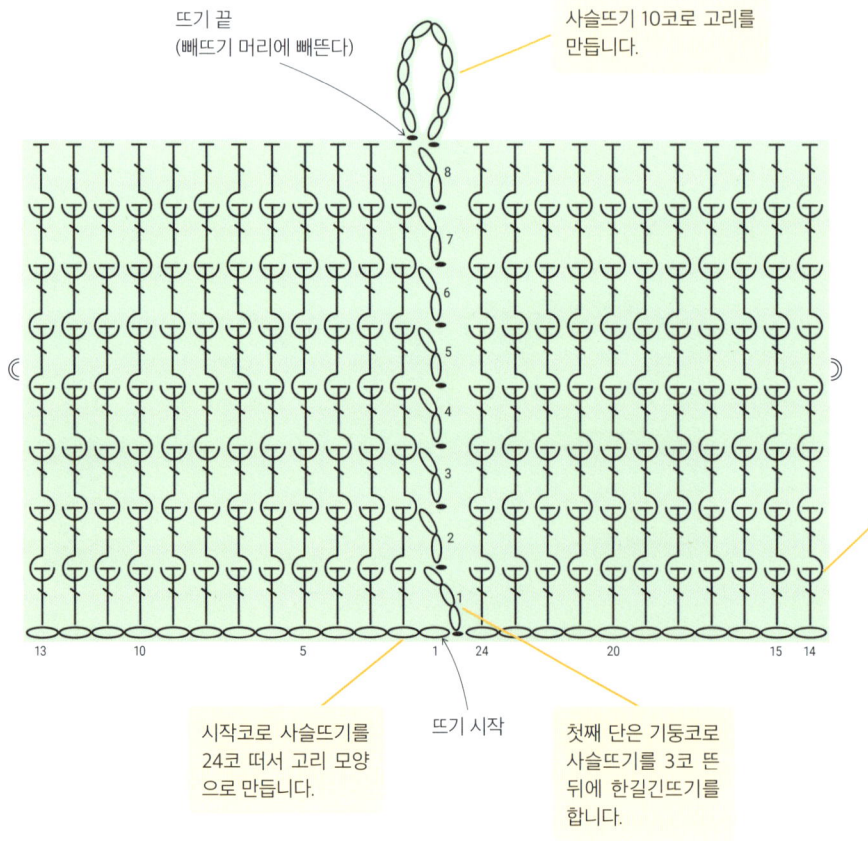

- ● = 빼뜨기
- ○ = 사슬뜨기
- × = 짧은뜨기
- ┬ = 한길긴뜨기
- = 한길긴뜨기 앞걸어뜨기
- = 한길긴뜨기 뒤걸어뜨기

한길긴뜨기 뒤걸어뜨기, 한길긴뜨기 앞걸어뜨기를 4코씩, 그리고 2단마다 교대가 되도록 뜹니다.

시작코로 사슬뜨기를 24코 떠서 고리 모양으로 만듭니다.

뜨기 시작

첫째 단은 기둥코로 사슬뜨기를 3코 뜬 뒤에 한길긴뜨기를 합니다.

뜨기 끝 (빼뜨기 머리에 빼뜬다)

사슬뜨기 10코로 고리를 만듭니다.

Point

1 사슬뜨기를 해서 고리 모양으로 만든다

 고리 모양으로 만든다.

1 사슬뜨기를 24코 뜹니다.

2 첫 사슬코에 코바늘을 넣습니다.

3 코바늘 끝에 실을 걸어서 빼냅니다.

4 고리가 됐습니다. 계속해서 첫째 단을 뜹니다.

3 한길긴뜨기 뒤걸어뜨기, 한길긴뜨기 앞걸어뜨기를 한다

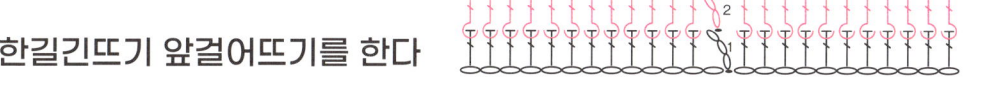

1 둘째 단부터 **한길긴뜨기 뒤걸어뜨기, 한길긴뜨기 앞걸어뜨기**를 합니다. 먼저 기둥코로 사슬뜨기를 2코 뜹니다.

2 **한길긴뜨기 뒤걸어뜨기**를 합니다. 코바늘 끝에 실을 걸고 화살표처럼 앞단의 한길긴뜨기 다리 뒤쪽에서 코바늘을 오른쪽에서 왼쪽으로 넣습니다.

3 코바늘을 넣은 모습.

4 코바늘 끝에 실을 걸고 화살표 방향으로 끌어냅니다.

5 끌어낸 모습.

6 코바늘 끝에 실을 걸고 화살표 방향으로 빼냅니다.

7 빼낸 모습. 한 번 더 코바늘 끝에 실을 걸어서 빼냅니다.

8 **한길긴뜨기 뒤걸어뜨기**를 완성했습니다.

9 2~8을 3번 더 되풀이합니다.

10 여섯째 코는 **한길긴뜨기 앞걸어뜨기**를 합니다. 코바늘 끝에 실을 걸고 앞단의 한길긴뜨기 다리에 겉에서 코바늘을 사진처럼 오른쪽에서 왼쪽으로 넣습니다.

11 코바늘 끝에 실을 걸어서 끌어내고 나머지는 5~8과 마찬가지로 한길긴뜨기를 하는 요령으로 뜹니다. **한길긴뜨기 앞걸어뜨기**를 완성했습니다.

12 **한길긴뜨기 뒤걸어뜨기, 한길긴뜨기 앞걸어뜨기**를 4코씩 교대로 뜨고, 단의 마지막은 기둥코인 사슬뜨기 둘째 코에 빼뜹니다.

7 텀블러 가방

준비물

- **실** 아미안 Wide
  - 01번(밀크화이트) ········· 29g
  - 05번(다크체리) ·········· 19g

- **바늘** 코바늘 7/0호, 돗바늘, 손바늘

- **그 외** 지름 21mm 단추 1개

완성 치수

지름 약 8cm × H 약 14.5cm

만드는 법

1. 실로 원형코를 만들고 짧은뜨기를 6코 뜬다. → P.8~10, P.23 · **2~4**
2. 둘째~여섯째 단은 6코씩 늘리면서 뜬다.
3. 여섯째 단의 마지막 빼뜨기에서 밀크화이트로 실을 바꾸고, 일곱째 단은 짧은뜨기로 하는 줄기뜨기(→ P.26)로 증감 없이 뜬다. 다크체리 실은 자르지 않고 뜨개바탕 안쪽에서 실을 세로로 걸친다. → P.24 · **9~12**
4. 일곱째~열한째 단까지는 밀크화이트 실로 증감 없이 짧은뜨기를 한다.
5. 열한째 단의 마지막 빼뜨기에서 다크체리로 실을 바꾼다. 밀크화이트 실은 자르지 않고 안쪽에서 실을 세로로 걸친다. 이후 서른째 단까지는 증감 없이 뜨개 도안대로 색을 바꾸며 뜬다.
6. 서른째 단을 다 떴으면 계속해서 손잡이를 뜬다. 기둥코로 사슬뜨기를 1코 뜨고 짧은뜨기를 4코 뜬다.
7. 사슬뜨기를 1코 뜬 뒤에 뜨개바탕을 돌려서 짧은뜨기를 4코 뜬다. 이후 서른셋째 단까지 왕복뜨기로 뜬다.
8. **Point** — 계속해서 단춧고리를 뜬다. 먼저 사슬뜨기를 8코 뜨고 코바늘을 일단 뺀 뒤에 서른셋째 단의 첫 짧은뜨기 머리에 다시 코바늘을 넣어서 빼뜬다. → P.45
9. **Point** — 8의 사슬뜨기 아래에서 주우면서 짧은뜨기를 9코 뜬다. 마지막은 서른셋째 단의 넷째 짧은뜨기 머리의 앞쪽 반코와 다리에 코바늘을 넣어서 빼뜬다. → P.45

뜨개 도안의 포인트

- 단춧고리도 계속해서 뜹니다.
- 뜨기 끝 (짧은뜨기 머리에 빼뜬다)
- 스물아홉째 단의 마지막 빼뜨기에서 다크체리로 실을 바꾼 뒤에 밀크화이트 실은 자릅니다.
- 손잡이는 짧은뜨기 4코를 왕복뜨기로 뜹니다.
- 열한째 단의 마지막 빼뜨기에서 다크체리로 실을 바꿉니다. 이후 뜨개 도안대로 색을 바꾸는 과정을 되풀이합니다.
- 일곱째 단은 짧은뜨기로 하는 줄기뜨기를 합니다.
- 여섯째 단의 마지막 빼뜨기를 할 때 실을 밀크화이트로 바꿉니다.

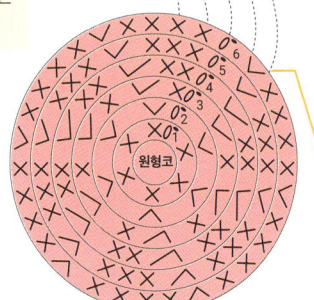

바닥은 6코씩 코를 늘리면서 원형이 되도록 뜹니다.

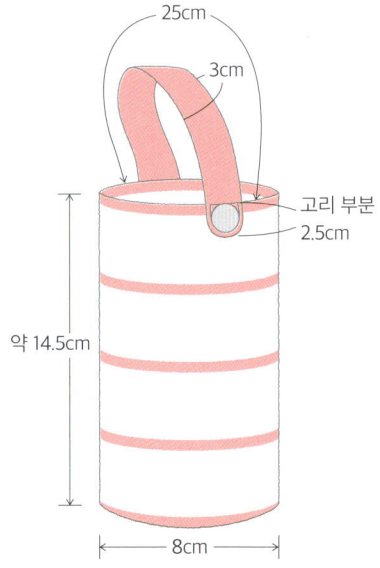

● 콧수표

단수	콧수	증감
6	36코	+6코
5	30코	+6코
4	24코	+6코
3	18코	+6코
2	12코	+6코
1	6코	

- ● = 빼뜨기
- ○ = 사슬뜨기
- × = 짧은뜨기
- ⨯ = 짧은뜨기로 하는 줄기뜨기
- ∨ = ⋎ = 짧은뜨기 2코 늘려뜨기
- ⌐ = 실을 잇는다
- ▶ = 실을 자른다

- □ = 밀크화이트
- ■ = 다크체리

Point

8 단춧고리용 사슬뜨기를 한다

1 손잡이 33단을 다 뜬 모습.

2 사슬뜨기를 8코 뜹니다.

3 일단 코바늘을 뺍니다.

4 서른셋째 단의 첫 짧은뜨기 머리에 코바늘을 넣습니다.

5 사슬뜨기 마지막 코에 코바늘을 넣어서 화살표 방향으로 빼냅니다.

6 빼낸 모습.

9 코 아래에서 주워서 짧은뜨기를 9코 뜬다

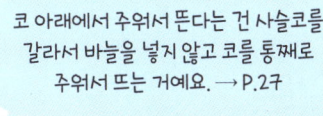

코 아래에서 주워서 뜬다는 건 사슬코를 갈라서 바늘을 넣지 않고 코를 통째로 주워서 뜨는 거예요. → P.27

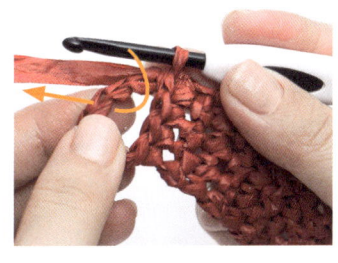

1 사슬뜨기 아래에 코바늘 끝을 넣습니다.

2 짧은뜨기를 합니다. 이것을 되풀이하여 코 아래에서 주워서 짧은뜨기를 전부 9코 뜹니다.

3 9코를 뜬 모습.

4 서른셋째 단의 넷째 짧은뜨기 머리의 앞쪽 반코와 다리에 코바늘을 넣습니다.

5 코바늘 끝에 실을 걸고 화살표 방향으로 빼냅니다.

6 빼낸 모습. 단춧고리를 완성했습니다.

뜨는 법을 동영상으로
볼 수 있어요.

8

토끼와 강아지
스마트폰 케이스

처음에는 토끼 케이스만 만들려고 뜨기 시작했는데,
귀를 달았을 때 '귀 방향을 바꾸면 강아지로 보이겠는걸!'
하는 생각이 들어서 강아지 케이스가 탄생했답니다.
뜨는 법은 무척 간단하니 스마트폰 크기에 맞춰서 떠 보세요.

How to make P.48

Level : ★☆☆

축구공 장난감

오각형과 육각형의 간단한 조각을 32장 떠서 이으면 신기하게도 축구공 모양이 되지요! 아들 엄마들에게 인기 있는 아이템입니다. 열쇠고리로 만들어서 가방에 달거나, 빨 수 있는 실로 떠서 안에 딸랑이 방울을 넣으면 아기 장난감으로도 쓸 수 있어요.

How to make P.50

Level : ★★★

동영상에서는
다른 색깔로 뜹니다.

8 토끼와 강아지 스마트폰 케이스

토끼 　 강아지

준비물

● **실**　**토끼**
　　　코튼 니트(S)
　　　a 27번(베이비핑크) ········· 9g
　　　b 31번(파우더핑크) ········· 13g
　　　공통 01번(흰색) ············· 1g
　　　강아지
　　　코튼 니트(S)
　　　19번(라임그린) ··············· 9g
　　　b 02(아이보리) ················ 13g
　　　공통 01번(흰색) ············· 1g

● **바늘**　코바늘 5/0호, 돗바늘, 손바늘

● **그 외**　지름 10mm 단추 눈 2개씩, 안 길이 1.7mm×9mm D링 2개씩,
　　　랍스터 고리 달린 홀더 스트랩 1개씩, 재봉실, 코 자수용 재봉실
　　　(토끼 : 핑크, 강아지 : 갈색, ※ 25번 자수실도 가능),
　　　접착제나 글루건, 리본 장식 등(취향대로)

완성 치수
W 약 7.5cm × H 약 13.5cm

만드는 법

1. 사슬뜨기를 15코 뜨고 기둥코로 사슬뜨기를 1코 뜬 뒤에 짧은뜨기로 첫째 단을 한 바퀴 돌아가며 뜬다. → P.16
2. 둘째~셋째 단은 증감 없이 짧은뜨기를 한다.
3. 넷째~아홉째 단은 증감 없이 한길긴뜨기를 한다.
4. 아홉째 단의 마지막 빼뜨기에서 b색으로 바꾸고, 열째~열셋째 단은 증감 없이 한길긴뜨기를 한다.
5. **Point** 열넷째~열일곱째 단은 증감 없이 짧은뜨기를 하는데 이때 열여섯째 단은 D링을 좌우 정해진 위치에 넣어서 뜬다. → P.49
6. 코, 귀를 뜨개 도안대로 떠서 코는 뜨개바탕 안쪽에 수를 놓은 뒤에 접착제로 붙이고 귀는 재봉실로 꿰매서 단다.
7. 단추 눈을 달고 홀더 스트랩을 D링에 단다.

뜨개 도안의 포인트

● **귀의 콧수표**

단수	콧수	증감
5	6코	-2코
4	8코	증감 없음
3	8코	증감 없음
2	8코	증감 없음
1	8코	

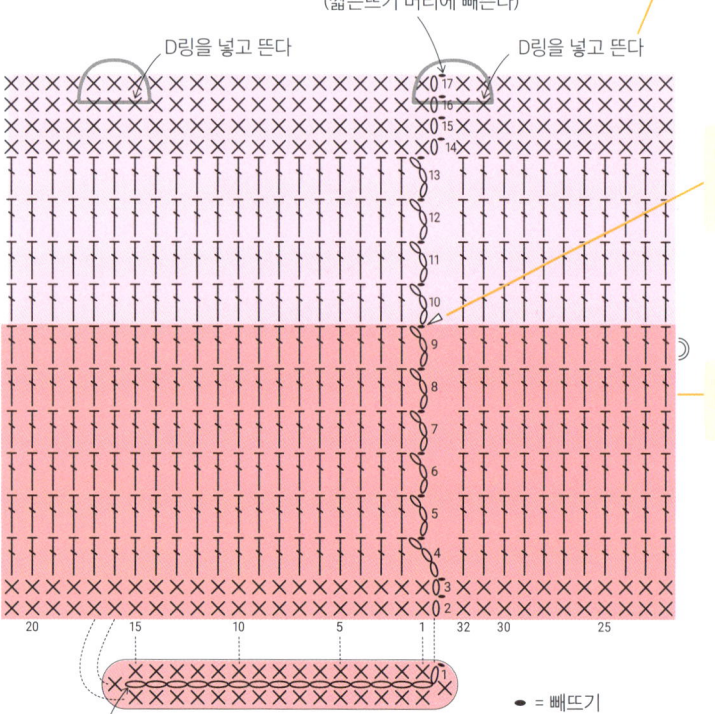

● = 빼뜨기
○ = 사슬뜨기
× = 짧은뜨기
∧ = 짧은뜨기 2코 늘려뜨기
T = 한길긴뜨기
⊅ = 실을 잇는다

= b색
= a색

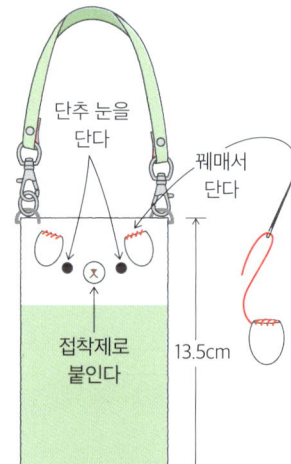

<토끼>　　<강아지>
새틴 스티치　새틴 스티치
원하는 모양으로 수를 놓는다　원하는 모양으로 수를 놓는다

Point

5 좌우 손잡이 위치에 D링을 넣어서 뜬다

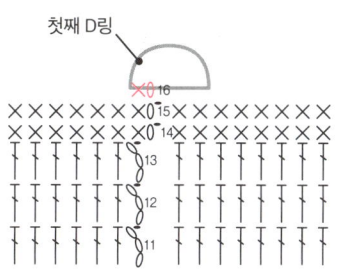

1 열다섯째 단까지 뜬 모습.

2 기둥코로 사슬뜨기를 1코 뜹니다.

3 왼손으로 D링을 사진처럼 대고 화살표처럼 D링의 안쪽에서 앞 단의 코에 코바늘을 넣습니다.

4 코바늘을 넣은 모습.

5 코바늘 끝에 실을 걸고 짧은뜨기를 합니다.

6 짧은뜨기를 1코 뜬 모습. 다음 코부터는 D링을 넣어서 뜨지 않고 보통으로 짧은뜨기를 합니다.

7 열넷째 코까지 짧은뜨기를 합니다.

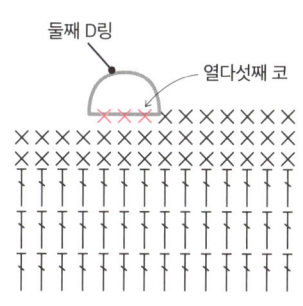

8 열다섯째 코는 왼손으로 둘째 D링을 사진처럼 대고 D링의 안쪽에서 앞단의 열다섯째 코에 코바늘을 넣습니다.

9 코바늘 끝에 실을 걸고 짧은뜨기를 합니다.

10 짧은뜨기 1코에 D링을 넣어서 뜬 모습. 계속해서 같은 방법으로 D링을 넣어서 짧은뜨기를 2코 더 뜹니다.

11 짧은뜨기 3코에 D링을 넣어서 뜬 모습. 계속해서 보통 짧은뜨기를 합니다.

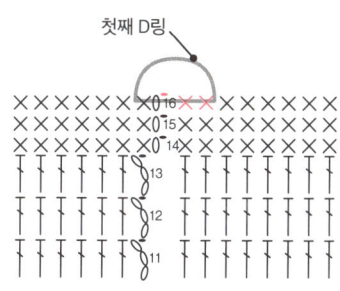

12 첫째 D링도 마지막 짧은뜨기 2코에 넣어서 뜹니다.

13 첫 짧은뜨기 머리에 빼뜹니다. 계속해서 열일곱째 단을 뜨면 몸판 완성입니다.

축구공 장난감

준비물

- **실**　**A** 코튼 니트(S)
  - a 29번(로즈핑크) 8g
  - b 01번(흰색) 15g
  - **B** 베이식 코튼
  - a 4번(검정) 8g
  - b 1번(화이트밀크) 15g
  - **C** 소프트 메리노 극태
  - a 5번(검정) 18g
  - b 1번(아이보리) 44g

- **바늘**　A · B : 코바늘 5/0호, C : 코바늘 8/0호, 돗바늘

- **그 외**　솜

A　　　　B　　　　C

만드는 법

Point 1 실로 원형코를 만들고 오각형 모티브를 a색으로 12장, 육각형 모티브를 b색으로 20장 뜬다. 뜨기 끝은 각각 체인 잇기를 한다. → P.51

Point 2 모티브의 겉면끼리 맞대고 뜨개바탕의 안을 보면서 1변 4코씩 빼뜨기로 잇는다. → P.51~52

Point 3 마지막 모티브의 1변을 빼뜨기로 이은 뒤에 마지막 모티브 둘레를 남기고 여기까지 잇고 남은 부분을 돗바늘로 감쳐서 잇는다. → P.52

Point 4 뜨개바탕을 겉으로 뒤집어서 안에 솜을 넣고, 남겨 둔 마지막 모티브 둘레를 겉에서 감친다. → P.52

완성 치수

A · B : 지름 약 7cm, C : 지름 약 10cm

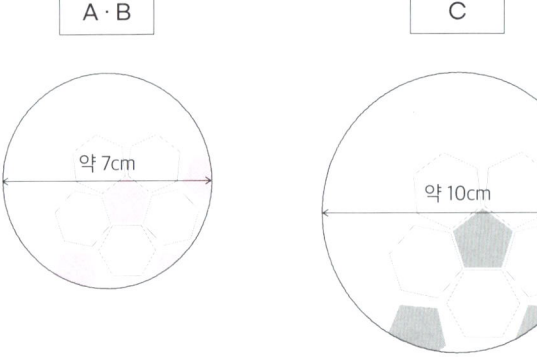

실 굵기를 바꾸면 같은 뜨개 도안으로 크기가 다른 공을 만들 수 있어요.

뜨개 도안

오각형 × 12장
뜨기 끝 (한길긴뜨기 머리와 체인 잇기 · 실 끝을 10~15cm 남긴다)
a색으로 뜹니다.

육각형 × 20장
뜨기 끝 (한길긴뜨기 머리와 체인 잇기 · 실 끝을 10~15cm 남긴다)
b색으로 뜹니다.

▨ = a색
☐ = b색
◯ = 사슬뜨기
┬ = 긴뜨기
╪ = 한길긴뜨기

Point

1 뜨기 끝은 체인 잇기를 한다

  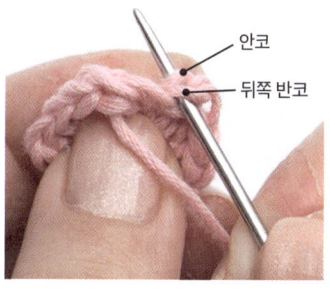 

1 마지막 긴뜨기를 한 뒤에 실 끝을 10~15cm 남기고 실을 자릅니다. 실 끝을 돗바늘에 꿰웁니다.

2 첫 한길긴뜨기 머리에 바늘을 뒤에서 앞으로 통과시킨 뒤에 실을 당깁니다.

3 마지막 긴뜨기 머리에 뒤쪽 반코와 바로 안코에 바늘을 앞에서 통과시키고 실을 당깁니다.

※ 안코에도 바늘을 통과시키면 코가 잘 고정됩니다.

4 코의 크기를 다른 코와 맞도록 조정합니다. 실 끝은 뜨개바탕 안쪽에서 처리합니다.

2 모티브끼리 빼뜨기로 잇는다

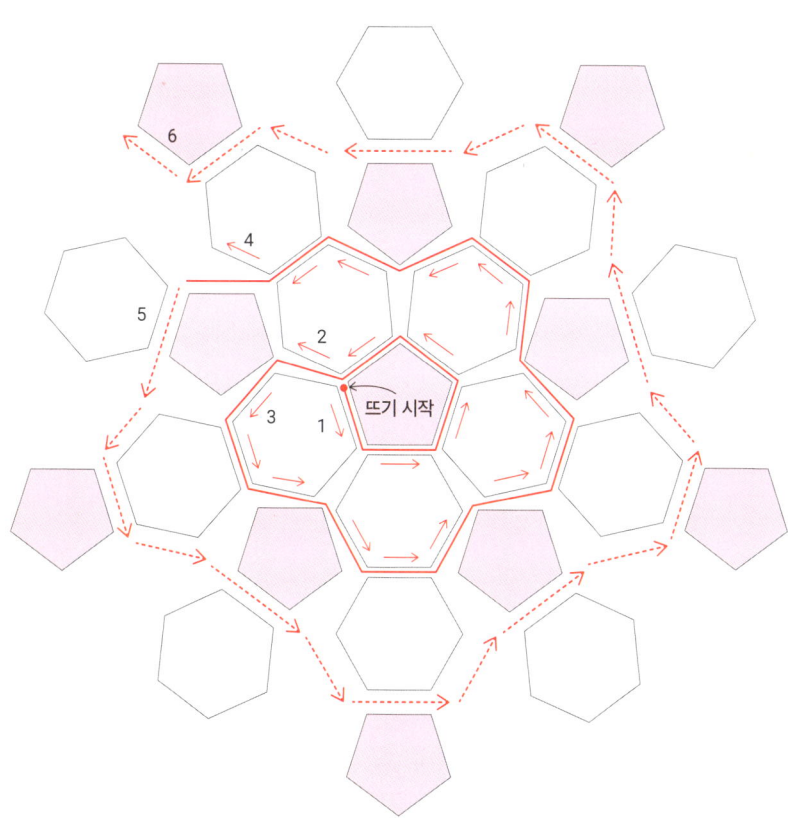

오각형 모티브 둘레에 육각형 모티브가 5장 붙도록 잇는 거예요. 잇고 남은 부분은 나중에 이을 거예요.

※ 사진은 알아보기 쉽도록 빨간색 실을 사용했습니다. 실제로는 b색을 사용해서 이으세요.

 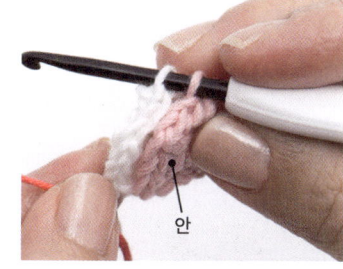  

1 처음에 오각형 모티브 1장과 육각형 모티브 5장을 잇습니다.

2 모티브의 겉면끼리 안으로 가도록 1변을 맞댑니다. 각각 안에서 봤을 때 모서리 코의 머리 뒤쪽 반코에 코바늘을 통과시킵니다.

3 코바늘 끝에 실을 걸어서 빼냅니다.

4 빼낸 모습.

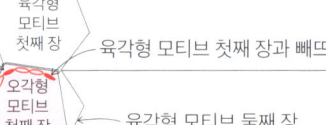
육각형 모티브 첫째 장과 빼뜨기를 한 뒤에 육각형 모티브 둘째 장과 빼뜨기 첫째 코를 겹쳐서 뜬다

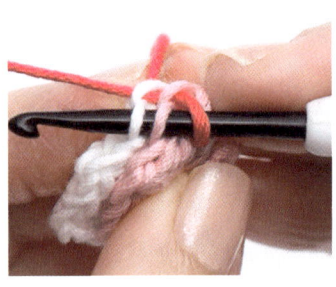
5 다음 코도 같은 방법으로 각각 머리의 뒤쪽 반코에 코바늘을 넣고 빼뜨기를 합니다.

6 같은 방법으로 빼뜨기를 2코 더 떠서 1변을 잇습니다.

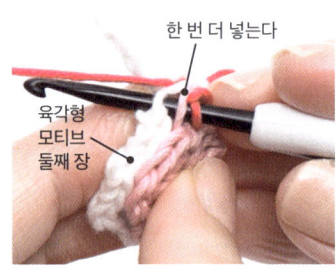
7 넷째 코에 한 번 더 코바늘을 넣고 육각형 모티브 둘째 장의 모서리 코와 빼뜨기를 합니다.

8 육각형 모티브 둘째 장의 첫째 코가 이어진 모습.

9 5~8을 되풀이하며 오각형 모티브 둘레에 육각형 모티브 5장을 잇습니다.

10 육각형 모티브끼리 세로 1변을 맞대고 빼뜨기로 잇습니다.

11 오각형 모티브와 육각형 모티브의 1변을 빼뜨기로 잇습니다.

12 육각형 모티브끼리 1변을 빼뜨기로 잇습니다.

3 잇고 남은 부분을 감침질로 잇는다

13 11~12를 되풀이하며 한 바퀴 이은 뒤에 세로 1변을 잇습니다.

14 나머지도 같은 요령으로 잇습니다. 마지막 오각형 모티브의 1변을 이은 모습.

1 실 끝을 15~20cm 남기고 자릅니다.

2 잇고 남은 세로 변끼리 맞대고 반코끼리 주우며 감침질로 잇습니다.

4 솜을 넣고, 남은 부분을 겉에서 감친다

3 1변에 3~4코씩 감침질을 한 뒤에 계속해서 다른 남은 부분을 감침질로 잇습니다.

1 마지막 육각형 모티브 5장과 오각형 모티브 1장 이외(14 참조)에 다 이은 뒤에 뜨개바탕을 겉으로 뒤집습니다.

2 솜을 넣습니다. 단단한 정도는 취향대로 합니다.

3 감침질이 안 된 나머지 부분을 겉에서 감쳐서 잇습니다.

10

고양이 인형

엉덩이가 통통해서 앉을 수 있고 꼬리를 자유롭게
움직이며 놀 수 있는 뜨개 인형을 만들어 봤습니다.
하얀 고양이는 수염을 수놓았고 회색 고양이는 낚싯줄로
수염을 만들었습니다. 원하는 고양이 색으로 다양하게 떠 보세요.

How to make P.56

Level : ★★☆

동영상에서는 굵기가
다른 실 1겹으로 뜹니다.

동영상에서는 굵기가
다른 실 2겹으로 뜹니다.

11

곰 인형

뜨개 인형 중에서는 만드는 법이 간단해서
처음 뜨개 인형에 도전하는 사람에게 추천하는 작품입니다.
같은 실, 같은 뜨개 도안으로 만들어도 각 부분의 배치나
얼굴의 균형에 따라서 완성한 모습이
달라지는 것이 뜨개 인형의 재미입니다.
만들 때마다 새롭게 발견하고 있어요.

How to make P.60

Level : ★★☆

12
개구리 인형

"남자아이용 뜨개 인형이 필요해요."라는 요청이 많아서
만들어 본 것이 이 개구리 인형입니다.
손발을 일부러 움직임 있는 느낌으로 만들어서
작은 의자에 앉히거나 다리를 꼬는 등
다양한 자세를 시켜 보며 놀 수 있습니다.
가방에 매달면 손발이 흔들거려서 귀엽지요.
어른들도 의외로 좋아한답니다.

How to make P.61

Level : ★★☆

뒷모습

뜨는 법을 동영상으로
볼 수 있어요

10 고양이 인형

준비물

- **실** A WHIPS 01번(아이보리) ········· 22g
        B WHIPS 06번(회색) ············ 22g

- **바늘** 코바늘 7/0호, 돗바늘, 자수용 바늘

- **그 외** 지름 8mm 인형 눈 2개, 지름 12mm 인형 코 1개,
         지름 2mm 와이어 적당량, 솜, 니퍼,
         플라이어 2개(1개는 끝이 둥근 것), 낚싯줄 또는
         25번 자수실 적당량, 리본 등 장식 적당량, 글루건이나 접착제

완성 치수

머리 지름 약 6.5cm × H 약 10cm

뜨개 도안

 A  B

만드는 법   ※ 실은 모두 2겹으로 뜬다.

1. 머리를 뜬다. 실로 원형코를 만들고 짧은뜨기를 8코 뜬다.
   → P.8~10, P.23 · 1 2~4
2. 둘째 단 이후는 뜨개 도안대로 코를 늘리면서 뜨는데 이때 넷째 단, 여섯째~아홉째 단은 증감 없이 뜬다.
3. 열째 단, 열두째 단은 코를 줄이면서 뜨는데 열한째 단은 증감 없이 뜬다.
4. 몸통을 뜬다. 실로 원형코를 만들고 짧은뜨기를 8코 뜬다.
5. 둘째 단은 8코를 늘리며 뜨고, 셋째 단은 증감 없이, 넷째 단은 코를 늘리면서 뜬다.
6. 다섯째~일곱째 단은 뜨개 도안대로 단마다 4코씩 줄이면서 뜬다.
7. 여덟째 단은 증감 없이 뜬다.
8. 앞발, 뒷발, 꼬리, 귀를 뜨개 도안대로 뜬다. 귀는 뜬 뒤에 실을 처리한다.
9. **Point** 꼬리에 와이어를 넣어서 몸통에 단다. → P.58
10. **Point** 몸통과 머리에 솜을 넣어서 잇는다. → P.59
11. 몸통 앞에 앞발을, 몸통 아래쪽 양 끝에 뒷발을 단다.
12. 눈 위치를 임시로 정한 뒤에 입을 수놓는다. 코와 눈을 단다. → P.57
13. 귀와 수염을 단다. → P.57

머리

뜨기 끝(짧은뜨기 머리에 빼뜬다)

다섯째 단까지 코를 늘리면서 뜨고, 열째 단, 열두째 단에서 코를 줄이며 떠서 머리의 둥근 모양을 만듭니다.

몸통

다섯째~일곱째 단은 불규칙하게 코를 줄이므로 주의.

뜨기 끝
(짧은뜨기 머리에 빼뜬다 · 실 끝을 40cm 남긴다)

● 콧수표 (머리)

단수	콧수	증감
12	16코	-8코
11	24코	증감 없음
10	24코	-8코
6~9	32코	증감 없음
5	32코	+8코
4	24코	증감 없음
3	24코	+8코
2	16코	+8코
1	8코	

● = 빼뜨기
○ = 사슬뜨기
× = 짧은뜨기
∨ = ∀ = 짧은뜨기 2코 늘려뜨기
∧ = ∧ = 짧은뜨기 2코 모아뜨기

● 콧수표 (몸통)

단수	콧수	증감
8	12코	증감 없음
7	12코	-4코
6	16코	-4코
5	20코	-4코
4	24코	+8코
3	16코	증감 없음
2	16코	+8코
1	8코	

앞발 × 2개

뜨기 끝
(짧은뜨기 머리에 빼뜬다 ·
실 끝을 30cm 남긴다)

뒷발 × 2개

뜨기 끝
(짧은뜨기 머리에 빼뜬다 ·
실 끝을 30cm 남긴다)

둘째 단을 뜰 때 뜨기 시작의 실 끝을 감싸며 떠서 먼저 실을 처리합니다. 뒷발, 꼬리도 같습니다.

꼬리

뜨기 끝
(짧은뜨기 머리에 빼뜬다 ·
실 끝을 30cm 남긴다)

귀 × 2개

뜨기 끝

뜨기 시작

앞발, 뒷발, 꼬리는 둘째 단에서 뜨기 시작의 실 끝을 감싸면서 뜨고, 남은 실 끝을 잘라서 실을 처리한다.

다 뜬 각 부분.

마무리

※ 그림은 B의 수염을 낚싯줄로 붙일 때의 설명입니다. 동영상에서는 A의 수염을 자수실로 붙이는 방법을 소개했습니다.

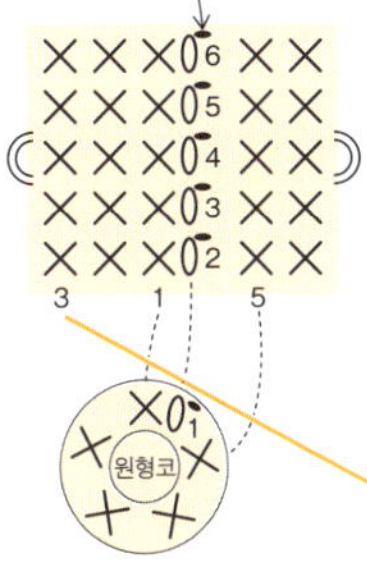

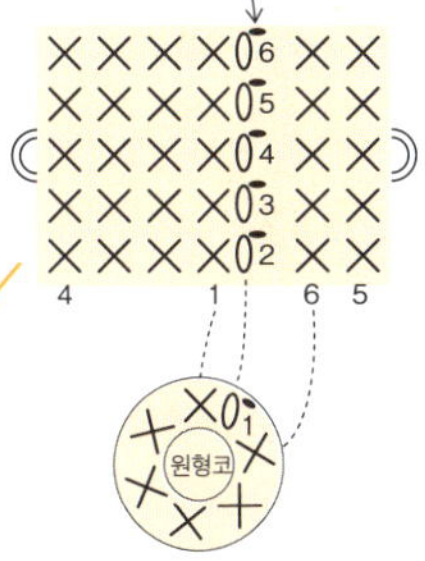

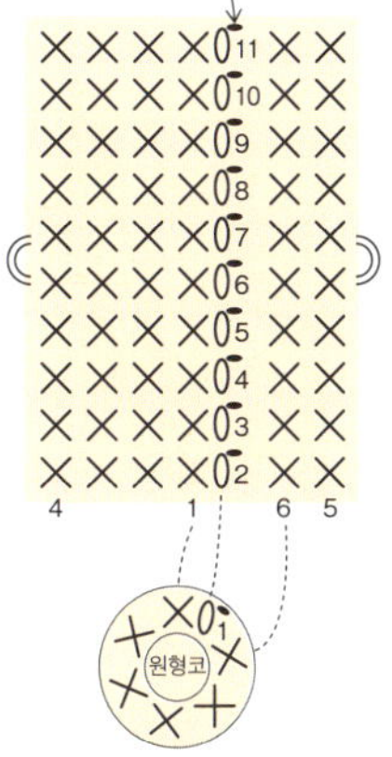

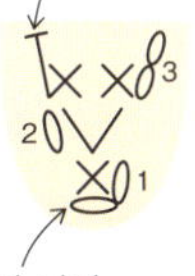

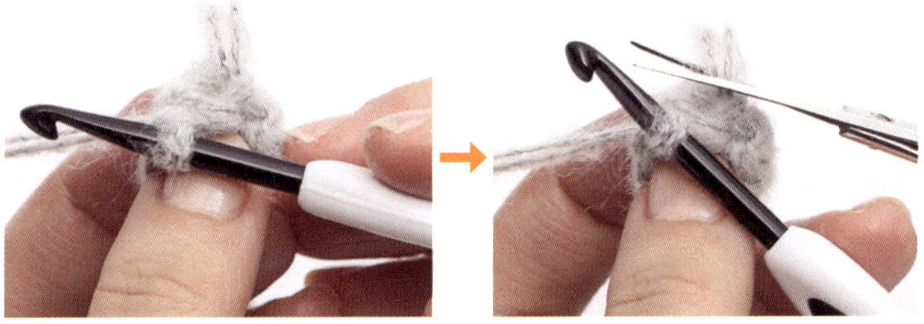

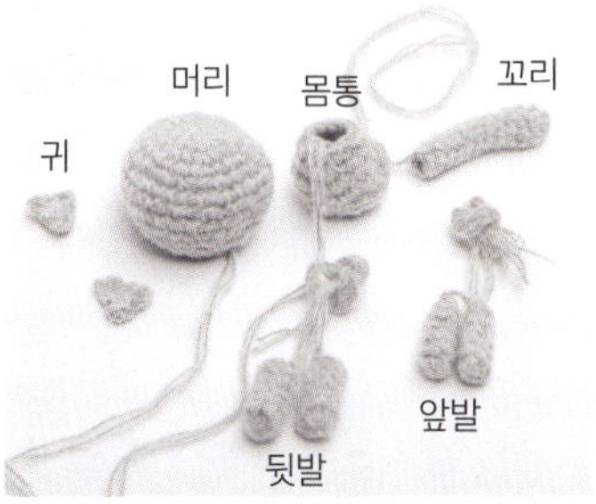

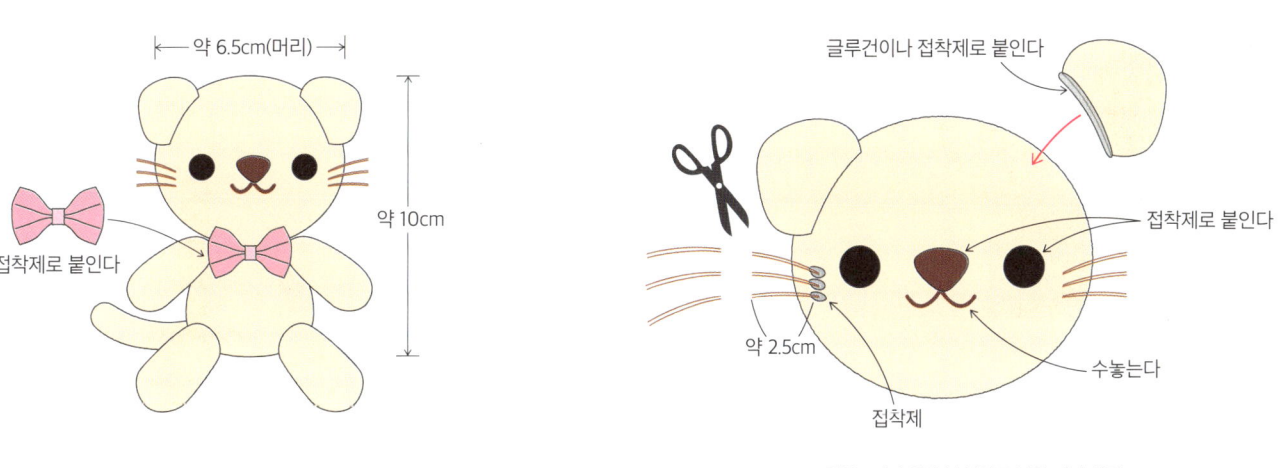

Point

9 꼬리에 와이어를 넣어서 몸통에 단다

1 와이어는 부드럽게 구부릴 수 있는 것을 사용합니다.

2 꼬리보다 조금 길게 와이어를 꺼냅니다.
※ 아직 자르지 않습니다.

3 와이어 끝을 플라이어 끝으로 잡습니다.

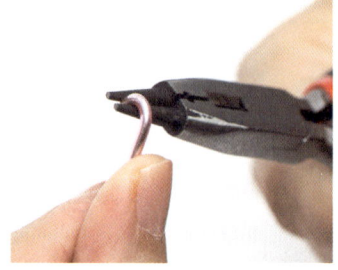
4 말아 줍니다.

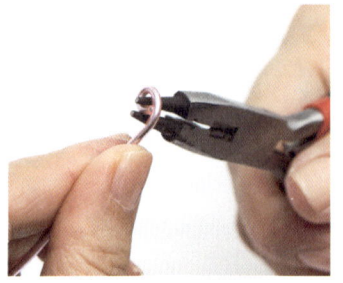
5 작은 고리를 만듭니다.

6 다시 말아 줍니다.

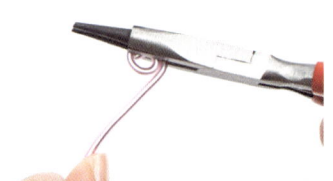
7 뜨개바탕 속에 넣었을 때 당겨도 뜨개코에서 나오지 않을 정도의 크기가 기준입니다.

8 고리를 완성한 모습.

9 고리 아래에서부터 꼬리를 대고 꼬리 길이+약 1cm 길이로 와이어를 자릅니다.

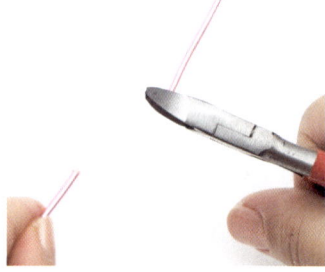
10 자른 모습.

11 자른 끝을 몸통의 꼬리 위치에 꽂습니다.

12 꽂은 모습.

13 자른 쪽 끝도 플라이어로 구부립니다.

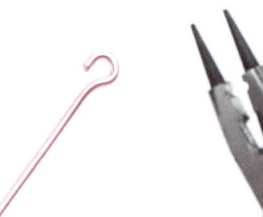
14 구부린 모습.

15 몸판과 같은 실을 2겹으로 해서 느슨하게 매듭을 짓고 14의 구부린 곳에 끼워 줍니다.

16 사진의 위치에서 매듭을 꽉 조입니다.

17 고리 끝에서부터 실을 돌돌 감아 줍니다.

18 꼬리에 들어갈 정도의 굵기로 감습니다.

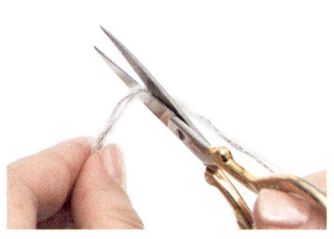
19 처리용 실(15cm 정도)을 남기고 실을 자릅니다.

20 돗바늘에 실을 꿰고 몸통 뜨개 바탕에 통과시켜서 실을 처리합니다.

21 다른 코에 2번 정도 통과시킨 뒤에 실을 자릅니다.

22 실을 감은 와이어에 꼬리를 덮어씌웁니다. 꼬리의 뜨기 끝 실을 돗바늘에 꿰입니다.

23 왼손 집게손가락을 몸통 속에 넣어서 잡고 꼬리 둘레를 한 바퀴 돌아가며 감칩니다.

24 실을 처리한 뒤에 자릅니다. 몸통과 꼬리를 이었습니다.

10 몸통과 머리를 잇는다

1 몸통과 머리에 솜을 넣습니다.

2 몸통의 뜨기 끝 실을 돗바늘에 꿴 뒤에 먼저 기둥코에 바늘을 넣습니다.

3 그대로 머리의 기둥코에도 바늘을 넣고 실을 당깁니다.

4 다음부터는 짧은뜨기의 머리 실끼리 감칩니다. 몸통과 머리의 콧수가 다르므로 몸통의 셋째 코에는 실을 2번 통과시킵니다.
→ 아래 그림 참조

5 한 바퀴 돌아가며 감칩니다.

● **몸통과 머리를 잇는 법의 포인트**

몸통 마지막 단은 12코, 머리 마지막 단은 16코로 콧수가 다르므로 몸통의 셋째 코, 여섯째 코, 아홉째 코, 열두째 코는 같은 장소에 돗바늘을 2번 통과시킵니다.

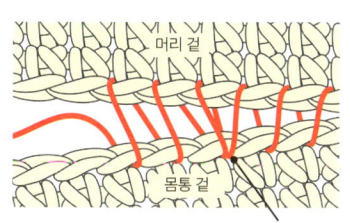
셋째 코는 같은 장소에 2번 통과시킨다

11 곰 인형

준비물

- **실** 소프트 메리노
  6번(연한 베이지) ········· 22g
  17번(진갈색) ············· 14g

- **바늘** 코바늘 7/0호, 돗바늘, 자수용 바늘

- **그 외** 지름 10mm 인형 눈 2개, 접착제, 솜, 25번 자수실 적당량
  (소프트 메리노 17번 1가닥을 사용해도 OK)

완성 치수

머리 지름 약 6cm × H 약 11cm

만드는 법 ※ 실은 모두 2겹으로 뜬다.

1. 머리를 뜬다. 실로 원형코를 만들고 짧은뜨기를 8코 뜬다.
   → P.8~10, P.23 · **1** 2~4
2. 둘째 단 이후는 뜨개 도안대로 코를 늘리면서 뜨는데 다섯째~여덟째 단은 증감 없이 뜬다.
3. 아홉째~열째 단은 코를 줄이면서 뜬다.
4. 몸통을 뜬다. 실로 원형코를 만들고 짧은뜨기를 8코 뜬다.
5. 둘째 단은 8코를 늘리면서 뜨고 셋째~아홉째 단은 증감 없이 뜬다.
6. 앞발, 뒷발, 꼬리, 귀, 코를 뜨개 도안대로 뜬다.
7. 몸통과 머리에 솜을 넣어서 잇는다.
8. 앞발, 뒷발에도 솜을 넣어서 몸통에 달고 꼬리도 단다.
9. 코는 뜨개바탕 안쪽이 겉이 된다. 실을 처리한 뒤에 뜨개바탕 안쪽에 코 부분을 25번 자수실이나 진갈색 실 1가닥으로 수놓는다.
10. 눈을 접착제로 붙인 뒤에 코를 감춰서 단다.

뜨개 도안

머리

뜨기 끝
(짧은뜨기 머리에 빼뜨다 · 실 끝을 40cm 남긴다)

넷째 단까지는 코를 늘리면서 뜨고 아홉째 단부터 코를 줄이며 떠서 머리의 둥근 모양을 만듭니다.

몸통

뜨기 끝
(짧은뜨기 머리에 빼뜨다)

둘째 단을 뜰 때 뜨기 시작의 실 끝을 감싸며 떠서 먼저 실을 처리합니다. 앞발, 뒷발도 같습니다. → P.57

● 콧수표

단수	콧수	증감
11	8코	-8코
10	16코	-8코
9	24코	-8코
5~8	32코	증감 없음
4	32코	+8코
3	24코	+8코
2	16코	+8코
1	8코	

● = 빼뜨기
○ = 사슬뜨기
✕ = 짧은뜨기
∨ = ⩛ = 짧은뜨기 2코 늘려뜨기
∧ = ⩘ = 짧은뜨기 2코 모아뜨기

□ = 연한 베이지
■ = 진갈색

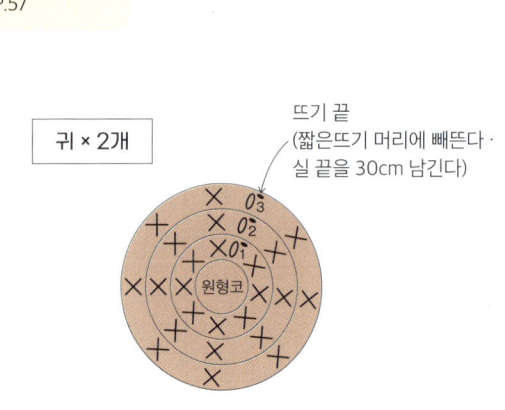

귀 × 2개

뜨기 끝
(짧은뜨기 머리에 빼뜨다 · 실 끝을 30cm 남긴다)

앞발 × 2개

뜨기 끝
(짧은뜨기 머리에 빼뜬다 · 실 끝을 30cm 남긴다)

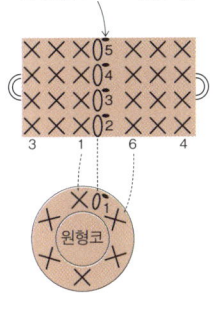

뒷발 × 2개

뜨기 끝
(짧은뜨기 머리에 빼뜬다 · 실 끝을 30cm 남긴다)

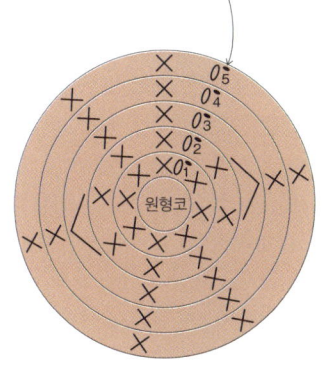

코

뜨기 끝
(짧은뜨기 머리에 빼뜬다 · 실 끝을 30cm 남긴다)

뜨개바탕 안쪽을 겉으로 사용합니다.

꼬리

뜨기 끝
(짧은뜨기 머리에 빼뜬다 · 실 끝을 30cm 남긴다)

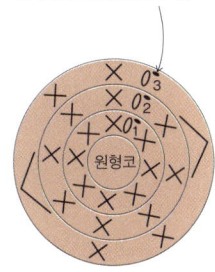

마무리

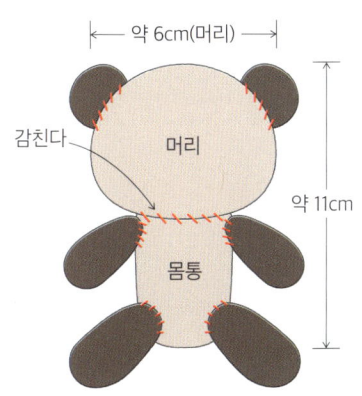

약 6cm(머리)
약 11cm
감친다
머리
몸통

꼬리를 단다

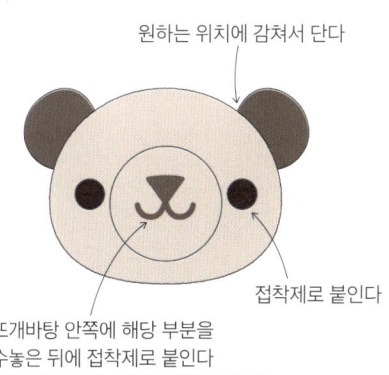

원하는 위치에 감쳐서 단다

접착제로 붙인다

뜨개바탕 안쪽에 해당 부분을 수놓은 뒤에 접착제로 붙인다
(또는 인형을 뜬 실로 감쳐서 붙인다)

12 개구리 인형

준비물

- **실** A 코튼 니트(S) 18번(민트그린) ········· 8g
  B 코튼 니트(S) 13번(청록) ············· 8g
  공통 : 산뜻한 코튼 40 18번(빨강) ········ 적당량

- **바늘** 코바늘 5/0호 · 6/0호, 돗바늘

- **그 외** 지름 10mm 단추 눈 2개, 솜, 글루건이나 접착제

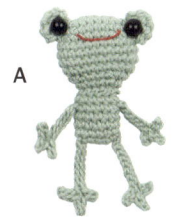
A

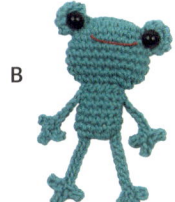
B

완성 치수

W 약 5cm × H 약 11cm

뜨개 도안

팔 × 2개

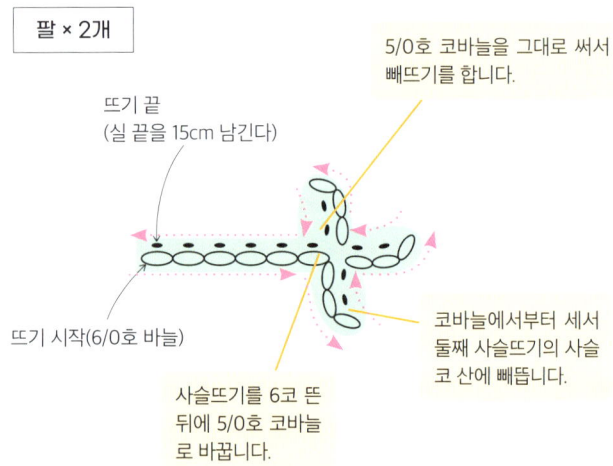

- 뜨기 끝 (실 끝을 15cm 남긴다)
- 5/0호 코바늘을 그대로 써서 빼뜨기를 합니다.
- 뜨기 시작(6/0호 바늘)
- 사슬뜨기를 6코 뜬 뒤에 5/0호 코바늘로 바꿉니다.
- 코바늘에서부터 세서 둘째 사슬뜨기의 사슬 코 산에 빼뜹니다.

다리 × 2개

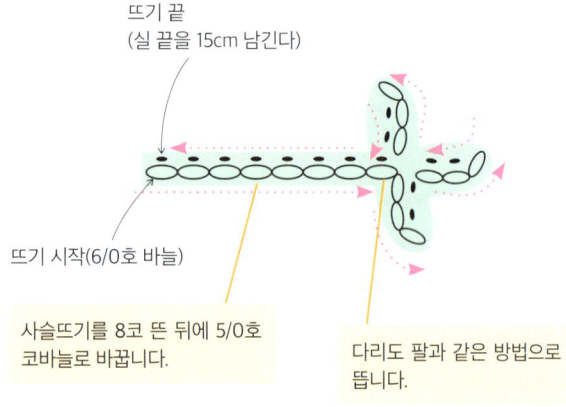

- 뜨기 끝 (실 끝을 15cm 남긴다)
- 뜨기 시작(6/0호 바늘)
- 사슬뜨기를 8코 뜬 뒤에 5/0호 코바늘로 바꿉니다.
- 다리도 팔과 같은 방법으로 뜹니다.

만드는 법

1. 코바늘 6/0호와 5/0호로 팔, 다리를 뜬다(뜨개 도안 참조).
2. 이후는 모두 5/0호로 뜬다. 먼저 머리를 뜬다. 사슬뜨기를 5코 뜨고 기둥코로 사슬뜨기를 1코 뜬 뒤에 짧은뜨기로 첫째 단을 한 바퀴 돌아가며 뜬다. → P.16 · 2
3. 둘째 단, 넷째 단에서 코를 늘리고 여덟째 단, 아홉째 단에서는 코를 줄이면서 열째 단까지 떠서 머리 모양을 만든다.
4. 눈을 뜨개 도안대로 뜬다.
5. 몸통을 뜬다. 뜨개 도안대로 둘째 단까지 뜨고 P.63 그림을 참고하여 다리를 연결한다. 계속해서 셋째 단 이후를 뜬다.
6. 몸통에 팔을 단다.
7. 몸통과 머리에 솜을 넣는다.
8. 눈을 머리에 단다.
9. 눈에 단추 눈을 붙인다.
10. 입을 단다. → P.63 그림
11. 머리와 몸통은 각각 짧은뜨기 머리의 앞쪽 반코씩을 주우면서 잇는다. → P.59 · 10

눈 × 2개

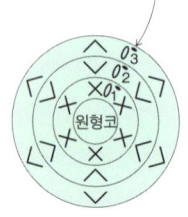

뜨기 끝 (짧은뜨기 머리에 빼뜬다)

● 콧수표

단수	콧수	증감
3	6코	-6코
2	12코	+6코
1	6코	

머리

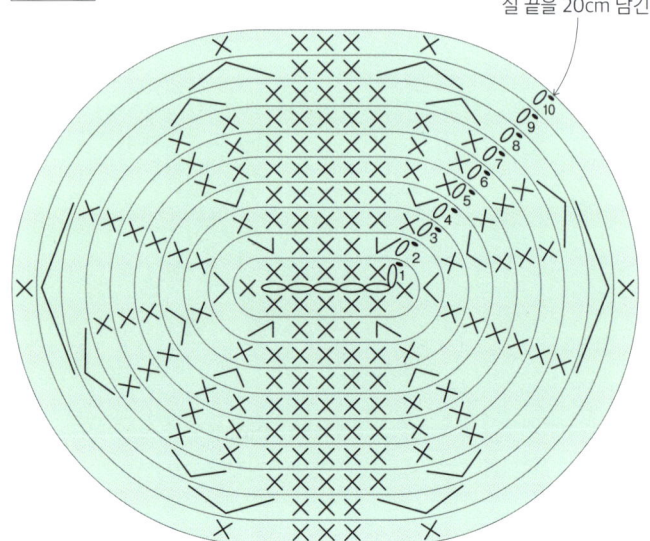

뜨기 끝 (짧은뜨기 머리에 빼뜬다 · 실 끝을 20cm 남긴다)

● 콧수표

단수	콧수	증감
10	12코	증감 없음
9	12코	-6코
8	18코	-6코
5~7	24코	증감 없음
4	24코	+6코
3	18코	증감 없음
2	18코	+6코
1	12코	

- ● = 빼뜨기
- ○ = 사슬뜨기
- × = 짧은뜨기
- ∨ = ₩ = 짧은뜨기 2코 늘려뜨기
- ∧ = ⩙ = 짧은뜨기 2코 모아뜨기

| 몸통 |

뜨기 끝
(짧은뜨기 머리에 빼뜬다 · 여섯째 단에 팔을 단다)

여섯째 단에 팔을 답니다.

다리를 단 뒤에 셋째 단을 뜹니다.

● 다리를 단다

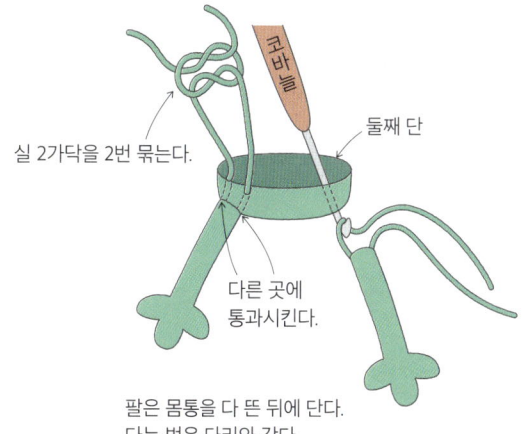

실 2가닥을 2번 묶는다.
둘째 단
다른 곳에 통과시킨다.

팔은 몸통을 다 뜬 뒤에 단다.
다는 법은 다리와 같다.

| 마무리 |

1

몸통에 솜을 넣습니다.

2

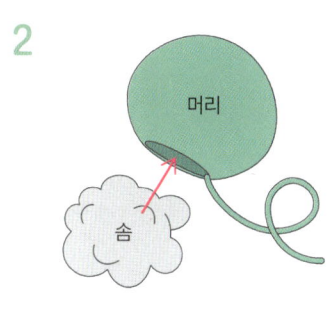

머리에도 솜을 넣습니다.

3

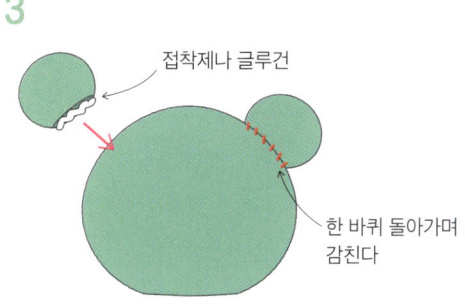

접착제나 글루건
한 바퀴 돌아가며 감친다

눈은 접착제로 살짝 붙인 뒤에 둘레를 한 바퀴 돌아가며 감칩니다.

4

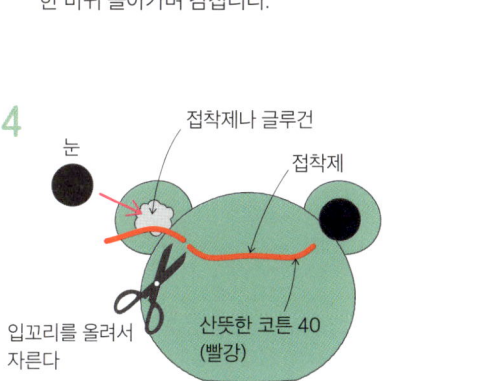

눈
접착제나 글루건
접착제
입꼬리를 올려서 자른다
산뜻한 코튼 40 (빨강)

눈, 입은 접착제나 글루건으로 붙인다.

5

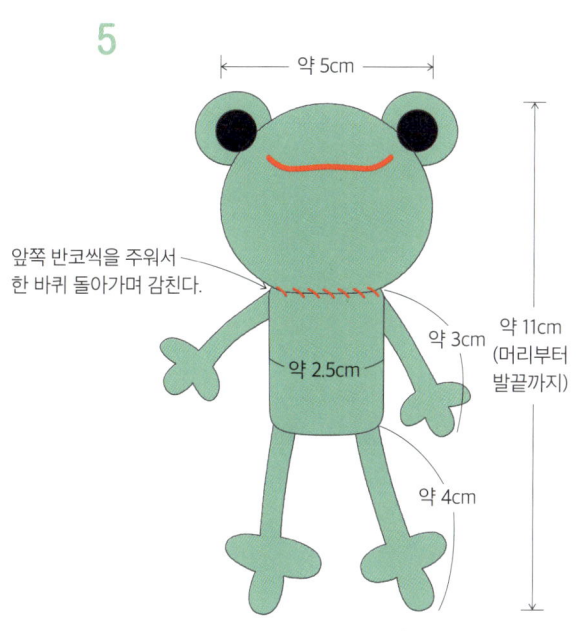

약 5cm
앞쪽 반코씩을 주워서 한 바퀴 돌아가며 감친다.
약 2.5cm
약 3cm
약 11cm (머리부터 발끝까지)
약 4cm

몸통과 머리의 마지막 단 머리의 앞쪽 반코씩을 주우면서 한 바퀴 감친다.

13

집 모양 열쇠 커버

집 모양 모티브를 큼직하게 떠서 삼각 지붕 꼭대기에서
가죽끈을 끼워 열쇠 커버로 만들었습니다. 가방 안쪽에
달아서 쓰거나, 어린아이에게는 끈을 길게 해서
목에 걸 수 있게 만들어도 좋습니다.

How to make P.66

Level : ★☆☆

14

집 모양 모티브

다양한 색깔 실을 사용하여 알록달록하게 떠서
나란히 놓으면 귀여운 인테리어가 됩니다.
납작한 상태로 벽에 붙여도 귀엽지만 동그랗게 말아서
안을 비워 놓으면 세울 수 있습니다.
미니어처를 좋아하는 사람에게도 만들기 쉽고
귀엽다고 호평을 받은 작품입니다.

How to make P.67

Level : ★☆☆

13·14 공통
동영상에서는
다른 색깔로 뜹니다.

뜨는 법을 동영상으로
볼 수 있어요.

15

립밤 케이스

립밤은 건조한 날의 필수품입니다. 하지만 막상 꺼내 쓰려고
하면 가방 어디에 숨었는지 도무지 보이지 않죠.
립밤이 없어지는 것을 막으려고 이 작품을 만들었습니다.
저는 이 케이스를 가방 안쪽이나 화장품 파우치의
지퍼 부분에 달아 놓고 사용합니다.
도장을 넣어 두어도 좋겠다는 의견도 있었어요.

How to make P.67

Level : ★☆☆

13 집 모양 열쇠 커버

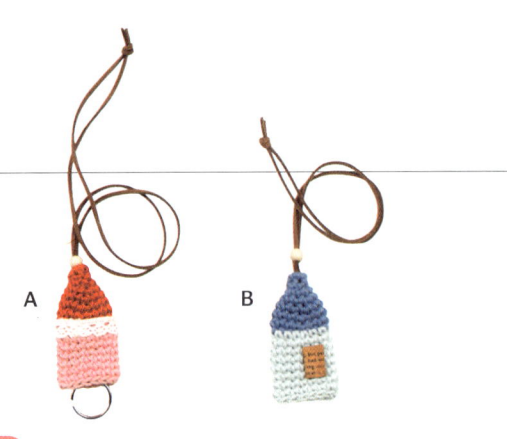

준비물

- **실**　**A** 코튼 니트(S)
  - a 26번(카민) ······················· 2g
  - b 29번(로즈핑크) ················· 3g
  - **B** 코튼 니트(S)
  - a 12번(사파이어블루) ·········· 2g
  - b 10번(파우더블루) ·············· 3g

- **바늘**　코바늘 6/0호, 돗바늘

- **그 외**　지름 8mm/ 구멍 지름 3mm 우드 비즈 1개,
  너비 2mm 가죽끈 (가방에 달 때) 50cm/
  (목에 걸 때) 약 80cm, 가죽 태그나 장식 레이스 등(취향대로),
  이중 고리(또는 열쇠), 접착제

만드는 법

1. 지붕부터 뜨기 시작한다. a색으로 사슬뜨기를 4코 뜨고 첫째 코에 빼떠서 원형코를 만든다. → P.35 · **1**
2. 첫째 단은 사슬뜨기로 만든 원형코에 짧은뜨기를 4코 뜬다. 둘째~여섯째 단은 단마다 2코씩 늘리면서 짧은뜨기를 한다.
3. 일곱째~열다섯째 단은 증감 없이 짧은뜨기를 한다. 이때 일곱째 단의 마지막 빼뜨기를 할 때 b색으로 바꾼다. a색은 실 처리를 할 분량을 남기고 자른다.
4. 지붕 위에서 우드 비즈를 끼운 가죽끈을 넣어서 이중 고리나 열쇠를 단다. → 그림 참조

완성 치수

W 약 3.5cm × H 약 8cm

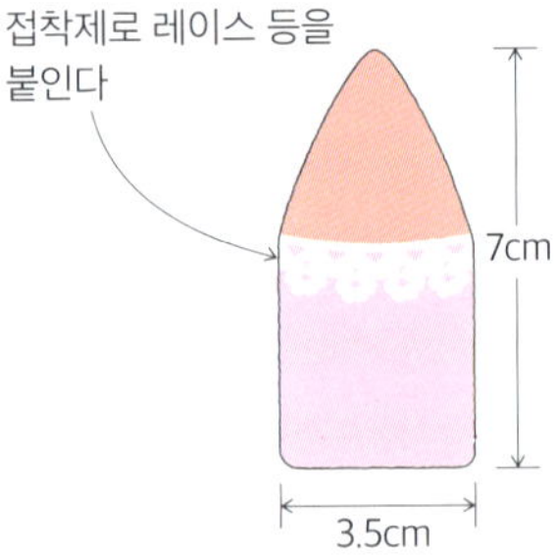

접착제로 레이스 등을 붙인다

7cm

3.5cm

뜨개 도안

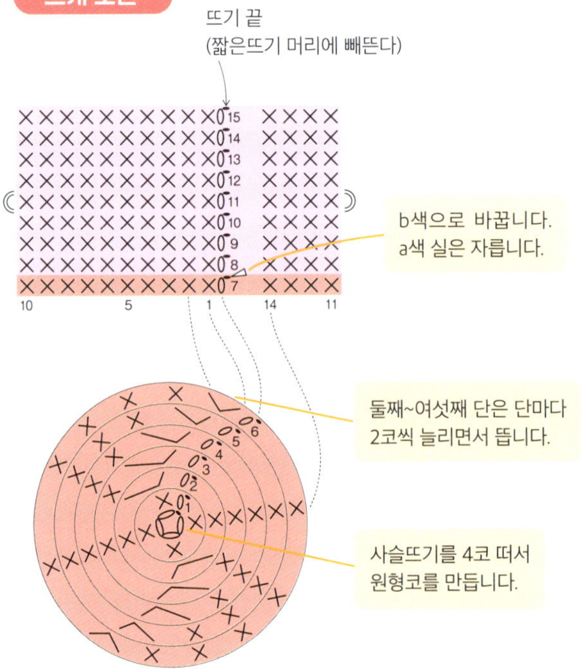

뜨기 끝 (짧은뜨기 머리에 빼뜬다)

b색으로 바꿉니다. a색 실은 자릅니다.

둘째~여섯째 단은 단마다 2코씩 늘리면서 뜹니다.

사슬뜨기를 4코 떠서 원형코를 만듭니다.

- ● = 빼뜨기
- ○ = 사슬뜨기
- × = 짧은뜨기
- ∨ = ∀ = 짧은뜨기 2코 늘려뜨기
- ▷ = 실을 잇는다

　　= b색
　　= a색

● **콧수표**

단수	콧수	증감
7~15	14코	증감 없음
6	14코	+2코
5	12코	+2코
4	10코	+2코
3	8코	+2코
2	6코	+2코
1	4코	

마무리

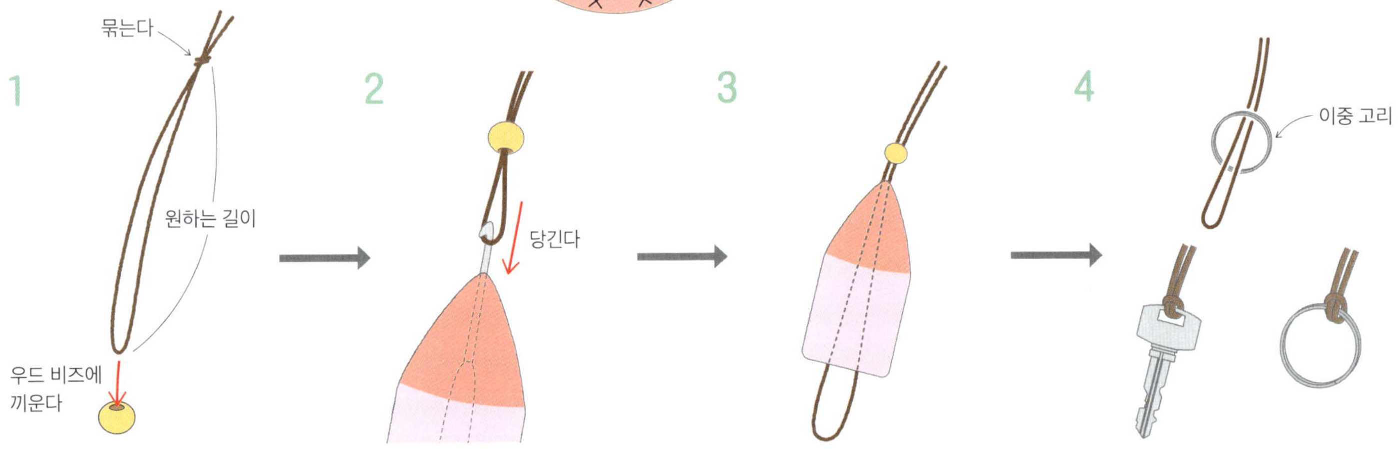

1 묶는다 / 원하는 길이 / 우드 비즈에 끼운다

가죽끈을 묶어서 고리를 만들고 그 고리 부분을 우드 비즈에 넣는다.

2 당긴다

열쇠 커버 안에 코바늘을 넣어서 뜨개 바탕 위로 바늘 끝을 뺀다. 코바늘 끝에 우드 비즈에 끼운 가죽끈 고리를 건다.

3 열쇠 커버 속에 가죽끈 고리 쪽을 끼운다.

4 이중 고리 / 이중 고리나 열쇠를 가죽끈 고리에 끼운다.

14 집 모양 모티브

준비물

- **실** A 코튼 니트(S)
  - a 13번(청록) ········· 2g
  - b 19번(라임그린) ····· 2g

  B 코튼 니트(S)
  - a 5번(연보라) ········· 2g
  - b 1번(흰색) ··········· 2g

  C 코튼 니트(S)
  - a 20번(연노랑) ········ 2g
  - b 23번(주황색) ········ 2g

- **바늘** 코바늘 6/0호, 돗바늘

- **그 외** 가죽 태그나 꽃 모티브 등의 장식(취향대로), 접착제

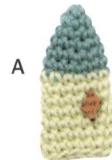 A 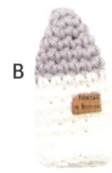 B  C

만드는 법

1. a색 실로 원형코를 만들어서 짧은뜨기를 4코 뜬다.
   → P.8~10, P.23 · 1 2~4
2. 둘째~다섯째 단은 코를 늘리면서 뜬다.
3. 여섯째~열셋째 단은 증감 없이 뜬다. 이때 여섯째 단의 마지막 빼뜨기를 할 때 b색으로 바꾼다. a색은 실 처리를 할 분량을 남기고 자른다.
4. 취향에 따라 가죽 태그나 꽃 모티브 등의 장식을 접착제로 붙인다.

완성 치수

W 약 3cm × H 약 6cm

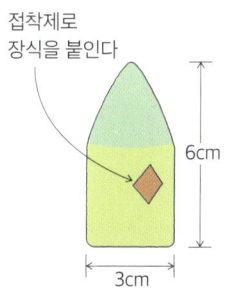
접착제로 장식을 붙인다
6cm
3cm

뜨개 도안

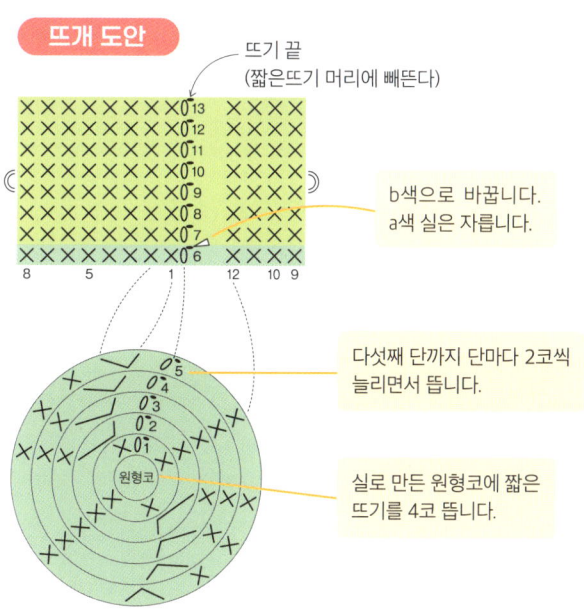

뜨기 끝 (짧은뜨기 머리에 빼뜬다)
b색으로 바꿉니다. a색 실은 자릅니다.
다섯째 단까지 단마다 2코씩 늘리면서 뜹니다.
실로 만든 원형코에 짧은뜨기를 4코 뜹니다.

- ● = 빼뜨기
- ○ = 사슬뜨기
- × = 짧은뜨기
- ∨ = ⋎ = 짧은뜨기 2코 늘려뜨기
- ⌿ = 실을 잇는다

⬜ = b색
⬜ = a색

● 콧수표

단수	콧수	증감
6~13	12코	증감 없음
5	12코	+2코
4	10코	+2코
3	8코	+2코
2	6코	+2코
1	4코	

15 립밤 케이스

준비물

- **실** A 산뜻한 코튼 40
  - 18번(빨강) ············ 2g
  - 1번(흰색) ············· 2g
  - 9번(코발트블루) ······· 1g

  B 산뜻한 코튼 40
  - 1번(흰색) ············· 3g
  - 22번(사프란) ·········· 1g

  C 산뜻한 코튼 40
  - 15번(연한 파스텔핑크) ·· 4g

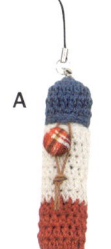 A 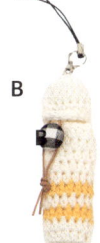 B  C

- **바늘** 코바늘 3/0호, 돗바늘, 손바늘

- **그 외** 지름 12mm 싸개단추 1개, 너비 1mm 가죽끈 12cm, 지름 6mm O링 1개, 랍스터 고리 스트랩 1개, 펜치, 재봉실

67

완성 치수

지름 약 2cm × H 약 7cm

만드는 법

[몸판]

1. 실로 원형코를 만들어서 짧은뜨기를 8코 뜬다. → P.8~10, P.23 · 1 2~4
2. 둘째 단은 코를 늘리면서 짧은뜨기를 한다.
3. 셋째~열두째 단은 증감 없이 긴뜨기를 한다.
   A와 B는 정해진 단에서 색을 바꾼다.
4. 열셋째 단은 느슨하게 빼뜨기를 하고 마지막에 체인 잇기를 한다.
   → P.19 · 8 ~ 9

[뚜껑]

1. 실로 원형코를 만들어서 짧은뜨기를 8코 뜬다. → P.8~10, P.23 · 1 2~4
2. 둘째 단은 코를 늘리면서 짧은뜨기를 한다.
3. 셋째~다섯째 단은 증감 없이 긴뜨기를 한다.
4. 여섯째 단은 느슨하게 빼뜨기를 하고 마지막에 체인 잇기를 한다.
   실 끝은 20cm 남기고 자른다.

[마무리] → 아래 참조

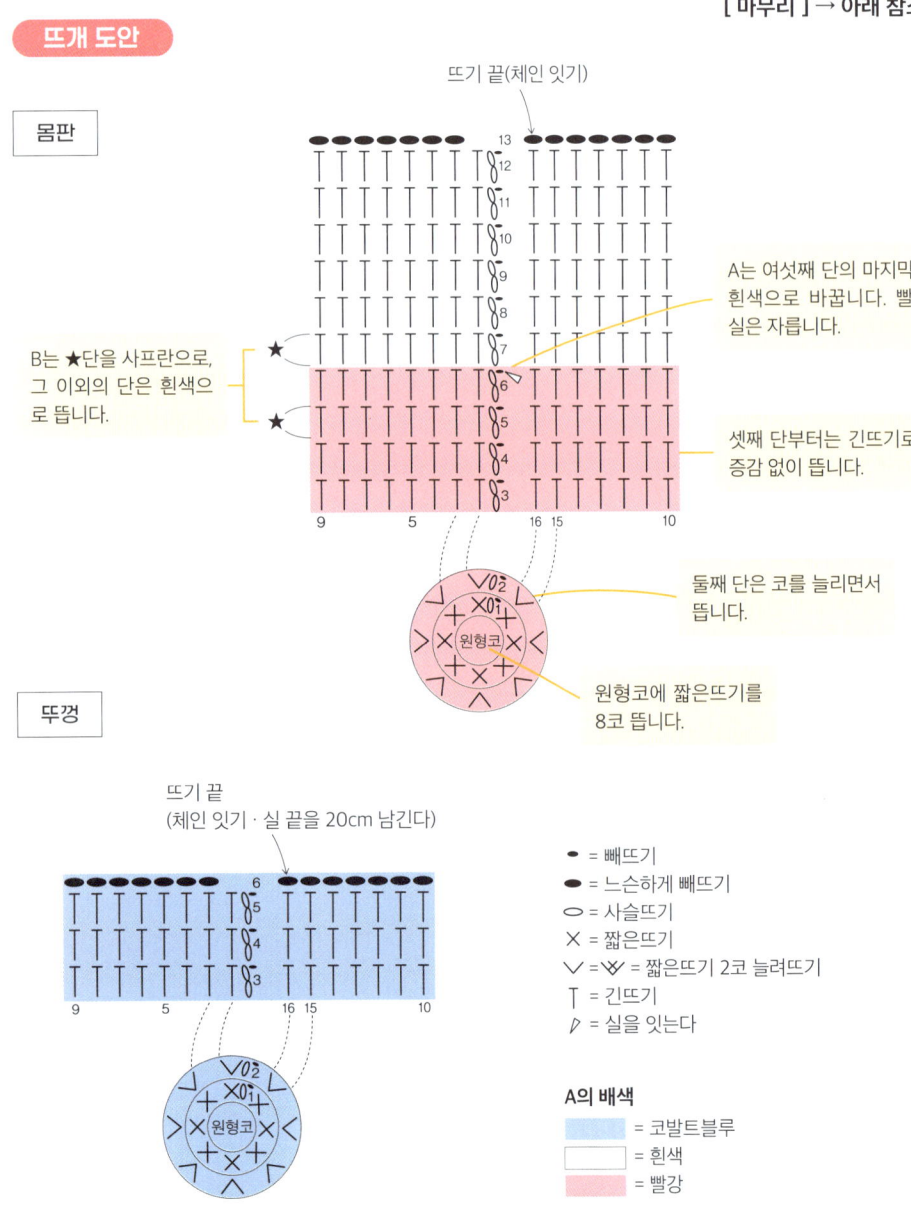

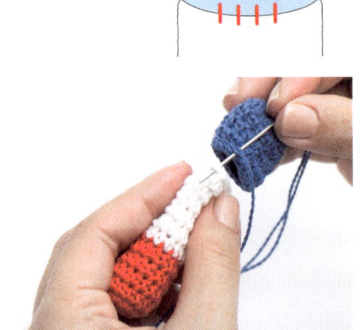

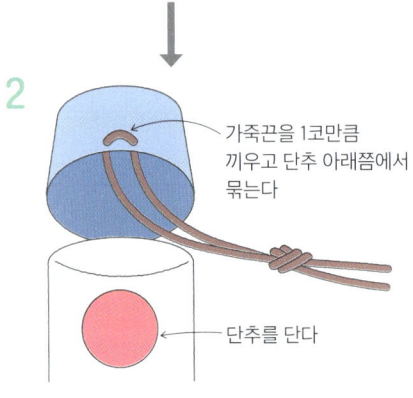

남겨 둔 실로 몸판과 뚜껑을 4코 정도 잇는다. 뚜껑에는 O링을 단다.

뚜껑 가장자리에 가죽끈을 끼우고 끝을 묶는다. 몸판에 싸개단추를 단다.

PART 3

다양한 일상용품

동영상으로 소개한 많은 손뜨개 작품 중에서 가방, 모자, 스톨 등 일상에서 사용할 수 있는 인기 아이템을 모았습니다. 이 책을 위해 새로 선보이는 작품도 몇 개 있습니다. 직선으로만 뜨면 되는 간단한 소품에서부터 조금 복잡한 무늬뜨기를 넣은 작품까지 다양하게 있으니, 마음에 드는 작품을 찾아서 꼭 도전해 보세요.

뜨면서 잠깐씩 쉬어가며 해요!

16
지퍼 파우치

뜨개바탕에 맞게 지퍼를 달기가 어려워서
반대로 지퍼에 맞춰서 뜨개바탕을 떠 본 것이 이 작품입니다.
지퍼는 수예용 접착제로 붙이면 간단히 달 수 있습니다.
두 가지 색 줄무늬 + 단색 조합을 마음에 드는 색으로
골라서 만드세요.

How to make P.72

Level : ★★☆

동영상에서는 다른 색깔로 뜹니다.

바닥면 뜨는 과정을 추가하면 수납력이 훨씬 좋아져요!

파우치 입구에 지퍼를 달아서 사용하기가 훨씬 편하답니다. 자잘한 물건을 정리하기에도 좋고 백인백(가방 속에 넣는 파우치)으로 사용해도 안성맞춤이에요.

16 지퍼 파우치

A
B

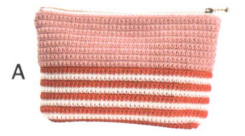

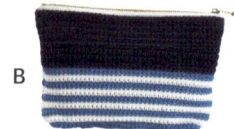

준비물

● **실** **A** 코튼 니트(S)
- a 27번(베이비핑크) ········ 24g
- b 01번(흰색) ········ 13g
- c 29번(로즈핑크) ········ 25g

B 코튼 니트(S)
- a 12번(사파이어블루) ········ 24g
- b 01번(흰색) ········ 13g
- c 09번(남색) ········ 25g

● **바늘** 코바늘 5/0호, 돗바늘, 손바늘

● **그 외** 20cm 지퍼 1개, 재봉실, 수예용 접착제, 스팀다리미, 다림천, 내열 시침핀

만드는 법

1. a색으로 뜨기 시작한다. 시작코로 사슬뜨기를 45코 뜨고 기둥코로 사슬뜨기를 1코 뜬 뒤에 짧은뜨기를 1단 뜬다. 단의 끝까지 뜬 뒤에 기둥코로 사슬뜨기를 1코 뜨고 뜨개바탕을 돌려서 짧은뜨기를 한다.
2. 둘째 단의 마지막 짧은뜨기를 완성할 때 b색으로 바꿔서 b색으로 2단을 뜬다.
3. a색, b색을 2단씩 교대로 바꾸면서 열여덟째 단까지 뜬다.
4. 열여덟째 단의 마지막 짧은뜨기를 완성할 때 c색으로 바꿔서 c색으로 서른넷째 단까지 뜬다.

게이지

짧은뜨기 10cm = 21코 × 26단

뜨개 도안

몸판 × 2장

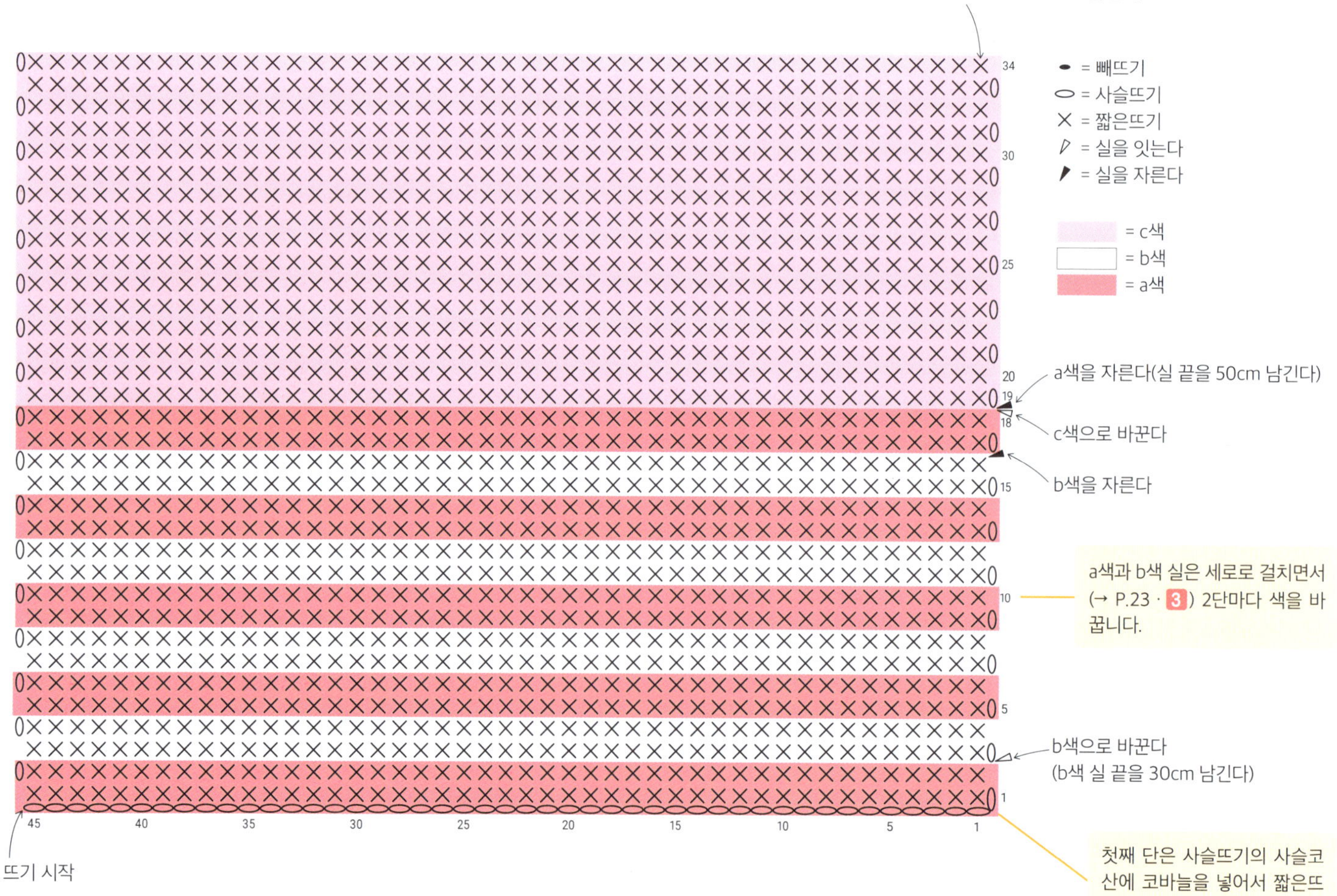
뜨기 끝(실 끝을 30cm 남긴다)
● = 빼뜨기
⬭ = 사슬뜨기
× = 짧은뜨기
= 실을 잇는다
= 실을 자른다
= c색
= b색
= a색
a색을 자른다(실 끝을 50cm 남긴다)
c색으로 바꾼다
b색을 자른다
a색과 b색 실은 세로로 걸치면서 (→ P.23 · 3) 2단마다 색을 바꿉니다.
b색으로 바꾼다 (b색 실 끝을 30cm 남긴다)
첫째 단은 사슬뜨기의 사슬코 산에 코바늘을 넣어서 짧은뜨기를 합니다.
뜨기 시작
34
30
25
20
19
18
15
10
5
1
45
40
35
30
25
20
15
10
5
1

5 바닥을 뜬다. 4의 뜨개바탕을 안쪽으로 해서 놓고, a색 실 끝을 30cm 남기고 시작코의 일곱째 코 위치에 실을 잇는다.

6 기둥코로 사슬뜨기를 1코 뜨고 짧은뜨기를 33코 뜬다.
기둥코로 사슬뜨기를 1코 뜨고 뜨개바탕을 돌려서 둘째 단을 뜬다.
이 과정을 되풀이하며 6단을 뜬다.

7 1~6을 되풀이하여 몸판·바닥을 1장 더 뜬다.

Point 8 수예용 접착제로 지퍼를 단다. → P.74
Point 9 지퍼 끝의 네 군데를 세모꼴로 접어서 꿰맨다. → P.74
Point 10 뜨개바탕 2장의 좌우와 바닥을 감친다. → P.75
Point 11 옆면을 감친다. → P.75

완성 치수

W 약 21.5cm × H 약 13cm × D 약 6cm

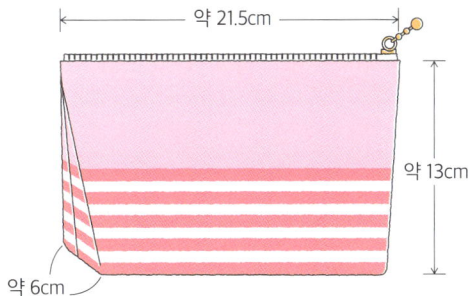

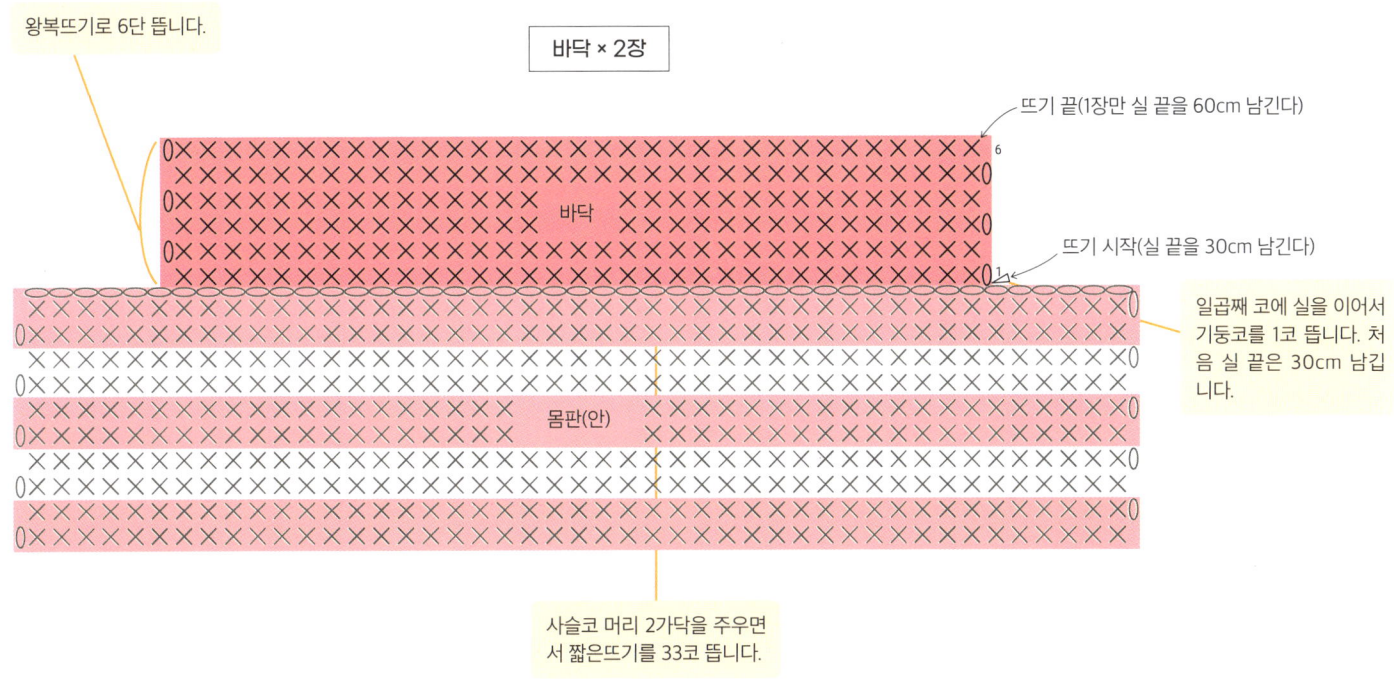

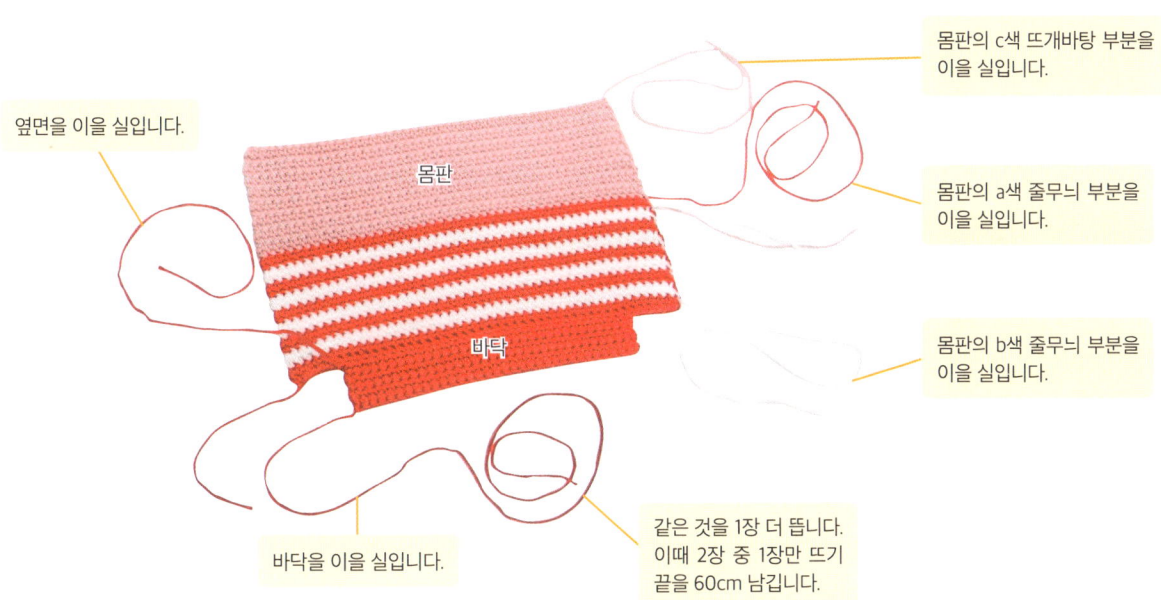

Point

8 수예용 접착제(이하 접착제)로 지퍼를 단다

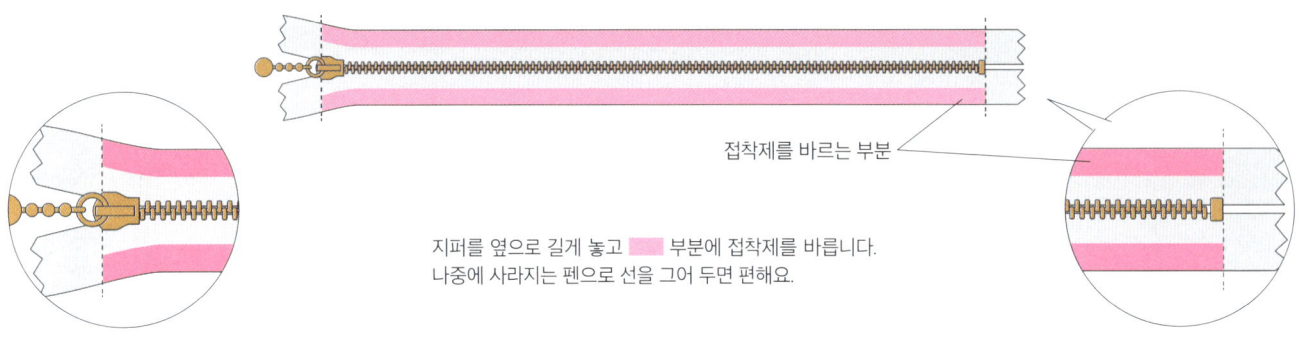

접착제를 바르는 부분

지퍼를 옆으로 길게 놓고 ▇ 부분에 접착제를 바릅니다.
나중에 사라지는 펜으로 선을 그어 두면 편해요.

1 지퍼에 접착제를 바릅니다.

2 플라스틱 주걱으로 접착제를 문질러서 스며들게 합니다.

3 뜨개바탕 안쪽을 위로 오도록 놓습니다.

4 마지막 단의 양 끝 1코씩을 비우고 안쪽에 접착제를 바릅니다.

5 플라스틱 주걱으로 문질러서 스며들게 합니다.

6 접착제를 칠한 면끼리 붙입니다.

7 손가락으로 꼭꼭 눌러서 붙입니다.

8 반대쪽도 같은 방법으로 붙입니다.

9 지퍼 끝을 접는다

9 뜨개바탕 안쪽을 위로 오도록 놓고 다림천을 덮습니다. 중온 드라이 상태로 15초 정도씩 접착면을 다려 줍니다.

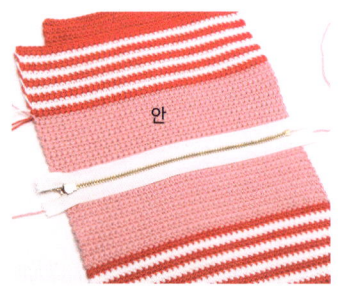

10 지퍼를 달았습니다.

1 지퍼 끝을 사진처럼 안쪽으로 세모꼴이 되게 접고 꿰매서 고정합니다.

2 반대쪽도 같은 방법으로 꿰맵니다.

10 뜨개바탕 2장을 감친다

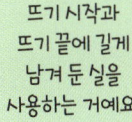

뜨기 시작과 뜨기 끝에 길게 남겨 둔 실을 사용하는 거예요.

1 몸판 2장을 겉끼리 맞댑니다. c색 실을 돗바늘에 꿰고 앞쪽 뜨개바탕의 끝 코에 돗바늘을 넣습니다.

2 뒤쪽 뜨개바탕의 끝 코에도 돗바늘을 넣습니다.

3 실을 단단히 당깁니다.

4 같은 방법으로 앞쪽과 뒤쪽 코를 주우면서 이어 줍니다.

5 c색 부분을 이은 모습.

6 c색 실을 처리한 뒤에 자릅니다.

7 몸판 바닥 쪽에 남아 있는 b색 실을 돗바늘에 꿰어서 b색 부분을 같은 방법으로 꿰맵니다.

8 a색 뜨개바탕은 건너뛰면서 b색 뜨개바탕 부분만 주워서 꿰맵니다.

9 b색은 바닥에서 입구 쪽을 향해서 꿰매고 10~11의 a색은 몸판 가운데에서 바닥을 향해서 꿰매 줍니다.

10 몸판 가운데에 남아 있는 a색 실을 돗바늘에 꿰고 같은 방법으로 꿰맵니다.

11 b색 뜨개바탕은 건너뛰면서 a색 뜨개바탕 부분만 주워서 꿰맵니다.

11 옆면을 감친다

12 옆면을 남기고 바닥도 같은 요령으로 꿰맵니다.

1 바닥을 펴서 사진처럼 옆면을 맞댑니다.

2 돗바늘에 옆면용으로 남겨 둔 실을 꿰고 10 과 같은 요령으로 끝에서부터 감쳐 줍니다.

3 반대쪽 옆면도 같은 방법으로 감칩니다.

17
도시락 가방

Level : ★★☆

면사 2겹으로 뜨며 실을 거의 5타래 정도 사용하여 만든 도시락 가방입니다. 바닥 뜨개바탕이 단단해서 가방을 세울 수 있는 점이 포인트. 옆면에는 올록볼록한 귀여운 무늬뜨기를 넣었습니다. 도시락 가방으로도 좋고, 지갑, 손수건, 휴대전화를 넣어서 들면 잠시 외출하기에도 딱 좋은 가방이랍니다.

How to make P.78

손잡이는 가방 몸판을 뜨면서 만들었어요. 요령을 익히면 아주 간단합니다.

뜨는 법을 동영상으로
볼 수 있어요.

17 도시락 가방

준비물

● 실 A 베이식 코튼 컬러스 15번(허벌그린) ······ 141g
B 베이식 코튼 컬러스 25번(체리레드) ······ 141g

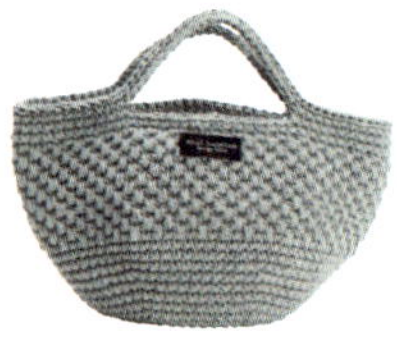
A

B

● 바늘 코바늘 7/0호, 돗바늘

● 그 외 태그 등 장식(취향대로), 수예용 접착제

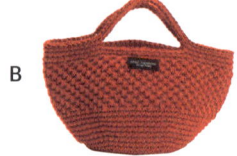

뜨개 도안

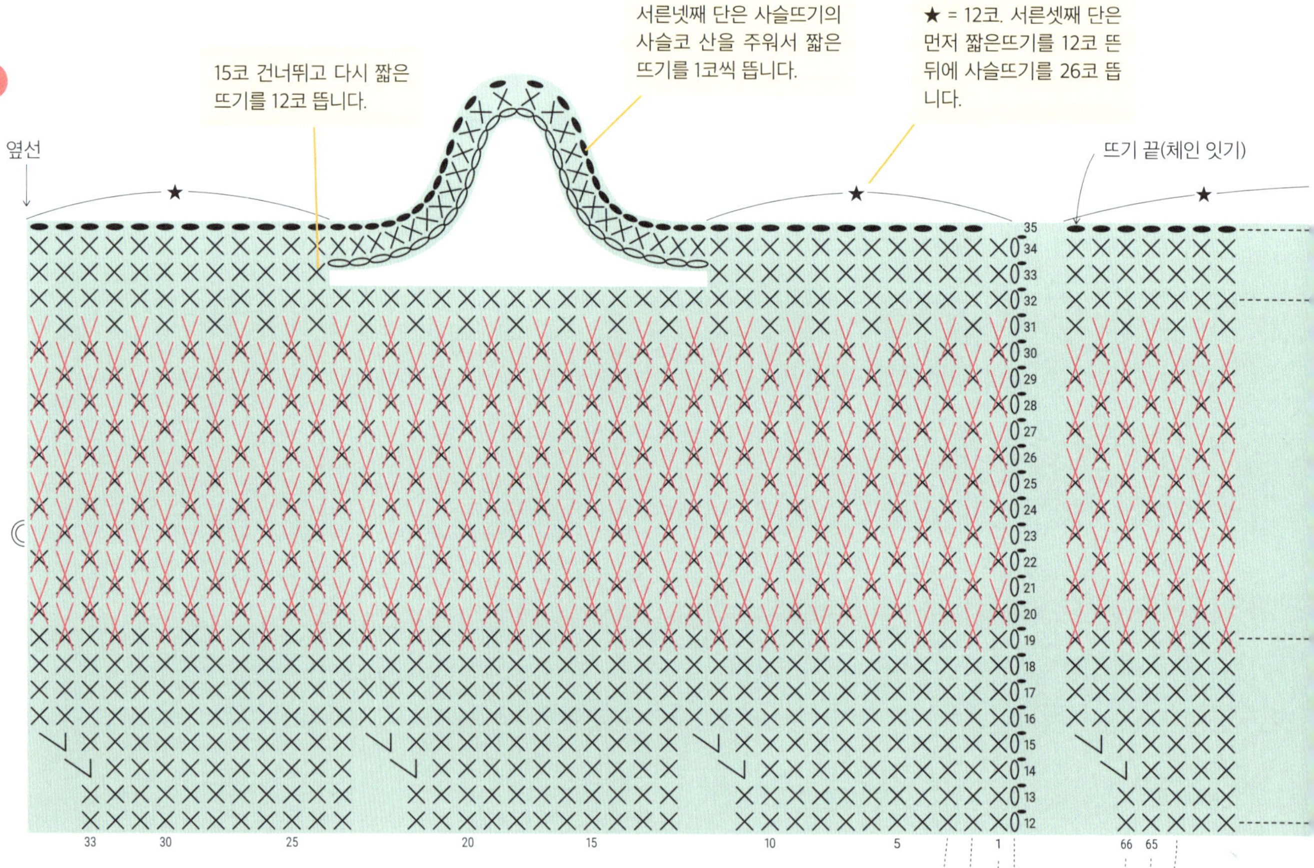
15코 건너뛰고 다시 짧은 뜨기를 12코 뜹니다.
서른넷째 단은 사슬뜨기의 사슬코 산을 주워서 짧은 뜨기를 1코씩 뜹니다.
★ = 12코. 서른셋째 단은 먼저 짧은뜨기를 12코 뜬 뒤에 사슬뜨기를 26코 뜹니다.
옆선
뜨기 끝(체인 잇기)
35
34
33
32
31
30
29
28
27
26
25
24
23
22
21
20
19
18
17
16
15
14
13
12
33
30
25
20
15
10
5
1
66
65

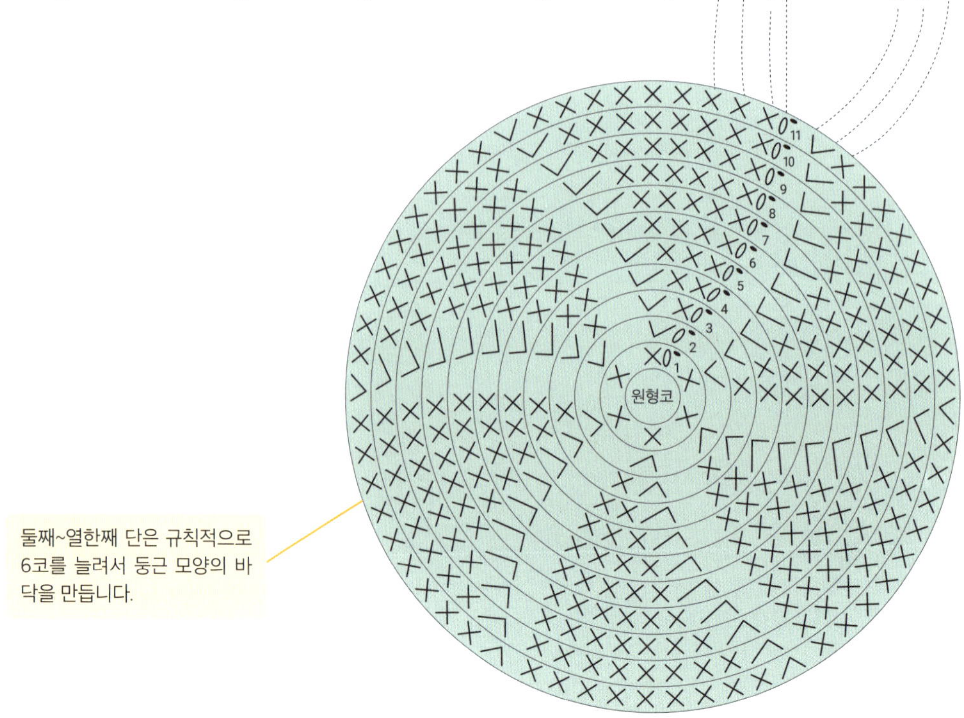
원형코
1
2
3
4
5
6
7
8
9
10
11
둘째~열한째 단은 규칙적으로 6코를 늘려서 둥근 모양의 바닥을 만듭니다.

🟥 만드는 법　※ 실은 모두 2겹으로 뜬다.

1. 실로 원형코를 만들어서 짧은뜨기를 6코 뜬다. → P.8~10, P.23 · 1️⃣ 2~4
2. 둘째~열한째 단은 뜨개 도안대로 코를 늘리면서 뜨고 열두째~열셋째 단은 증감 없이 뜬다.
3. 열넷째~열다섯째 단은 코를 늘리면서 뜨고 열여섯째~열아홉째 단은 증감 없이 뜬다.

▶Point 4. 스무째~서른한째 단은 증감 없이 무늬뜨기를 한다. → P.80

5. 서른두째 단은 증감 없이 뜬다.

▶Point 6. 서른셋째~서른넷째 단에서 손잡이를 뜬다. → P.80~81

▶Point 7. 서른다섯째 단은 빼뜨기를 하고 마지막에 체인 잇기를 한다. → P.81

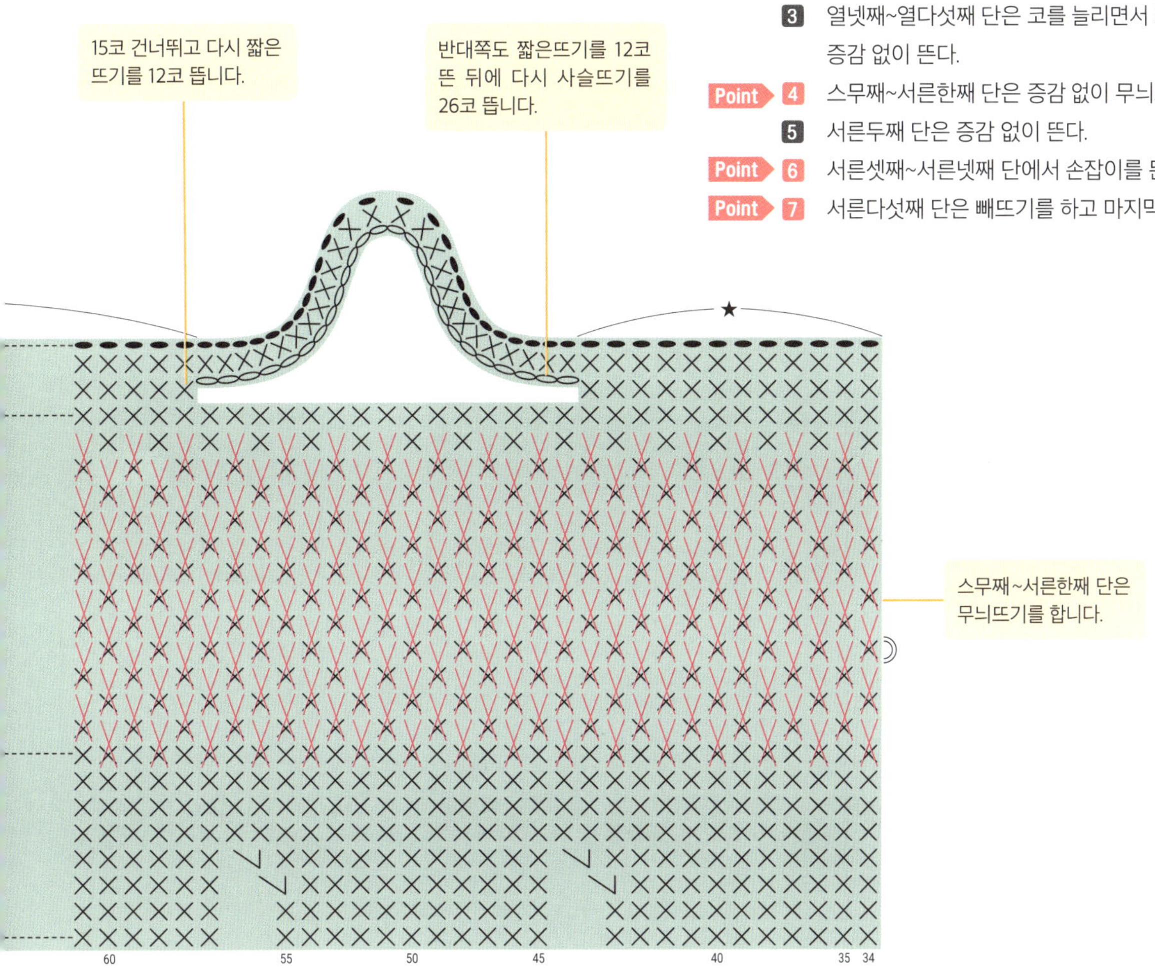

15코 건너뛰고 다시 짧은뜨기를 12코 뜹니다.

반대쪽도 짧은뜨기를 12코 뜬 뒤에 다시 사슬뜨기를 26코 뜹니다.

스무째~서른한째 단은 무늬뜨기를 합니다.

● 콧수표

단수	콧수	증감
33~34	100코	손잡이를 뜬다
32	78코	증감 없음
20~31	78코	
16~19	78코	
15	78코	+6코
14	72코	+6코
12~13	66코	증감 없음
11	66코	+6코
10	60코	+6코
9	54코	+6코
8	48코	+6코
7	42코	+6코
6	36코	+6코
5	30코	+6코
4	24코	+6코
3	18코	+6코
2	12코	+6코
1	6코	

- = 빼뜨기
- = 느슨하게 빼뜨기
○ = 사슬뜨기
× = 짧은뜨기
∨ = ⩔ = 짧은뜨기 2코 늘려뜨기
╳ = 2단 아래의 짧은뜨기 머리를 주워서 짧은뜨기

🟥 완성 치수

W 약 28cm × H 약 15cm × D 약 12cm

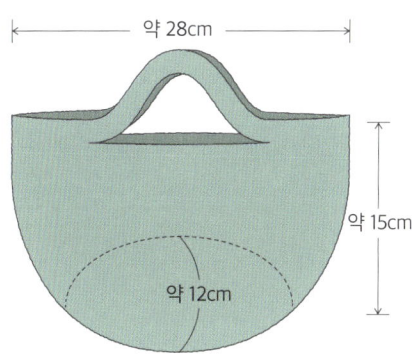

Point

4 무늬뜨기를 한다

무늬뜨기를 넣으면 멋진 분위기가 나요!

1 열아홉째 단까지 뜬 모습.

2 첫째 코는 짧은뜨기를 합니다.

3 둘째 코는 2단 아래 코의 머리(앞단의 짧은뜨기를 한 곳·2 사진의 ★)에 코바늘을 넣습니다.

4 코바늘 끝에 실을 걸고 화살표 방향으로 끌어냅니다.

5 실을 끌어낸 모습.

6 끌어낸 실을 첫째 짧은뜨기의 높이까지 끌어올립니다.

7 다시 코바늘 끝에 실을 걸고 화살표 방향으로 빼내서 짧은뜨기를 완성합니다.

8 빼낸 모습.

9 2~8을 되풀이합니다.

10 넷째 코까지 뜬 모습. 이 뒤에도 2~8을 되풀이하며 한 바퀴 뜹니다.

6 손잡이를 뜨다

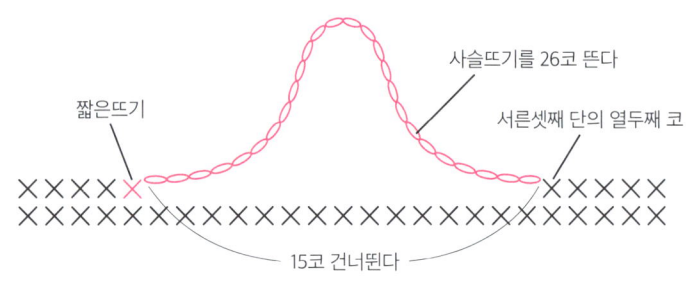

사슬뜨기를 26코 뜬다
짧은뜨기
서른셋째 단의 열두째 코
15코 건너뜬다

1 서른셋째 단의 열두째 코까지 짧은뜨기를 합니다.

2 사슬뜨기를 26코 뜹니다.

3 서른둘째 단의 짧은뜨기를 15코 건너뛰고 열여섯째 코에서부터 짧은뜨기를 합니다.

4 열여섯째 코에 짧은뜨기를 한 모습.

5 짧은뜨기를 12코 뜬 뒤에 반대쪽도 같은 방법으로 짧은뜨기 12코, 사슬뜨기 26코를 뜨고 15코 건너뛴 후에 남은 12코를 짧은뜨기로 뜹니다.

6 서른셋째 단을 다 뜬 모습.

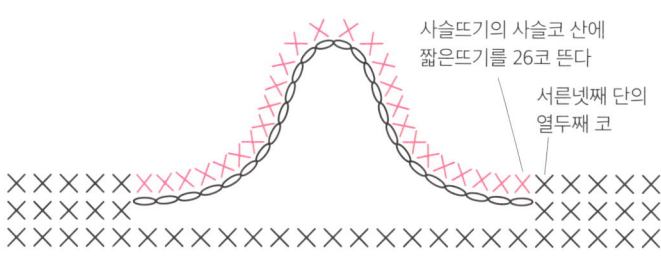

7 서른넷째 단도 먼저 12코를 짧은뜨기로 뜹니다.

8 서른셋째 단에서 뜬 사슬뜨기의 사슬코 산에 짧은뜨기를 합니다. 먼저 코바늘을 넣습니다.

9 코바늘 끝에 실을 걸고 짧은뜨기를 합니다.

10 짧은뜨기를 했습니다.

11 같은 방법으로 짧은뜨기를 25코 더 뜹니다.

12 반대쪽도 같은 방법으로 짧은뜨기를 하면서 한 바퀴 뜹니다.

7 느슨하게 빼뜨기한다

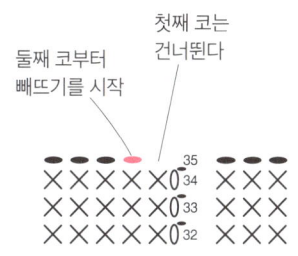

1 앞단 짧은뜨기의 둘째 코에 코바늘을 넣습니다.

2 코바늘 끝에 실을 걸고 빼냅니다.

3 첫째 코를 뜬 모습. 이것을 되풀이하며 한 바퀴 뜹니다.

18

사각 모티브 주머니

사각 모티브의 귀여운 무늬를 살린 조리개 주머니입니다.
입구를 조였을 때의 동그란 모양이 포인트.
모티브를 떠서 잇고 스레드 끈을 뜨는 등 손이 많이 가는
작품이지만 마지막으로 끈을 끼워서 꽉 조였을 때의
성취감은 그야말로 각별하답니다.

How to make P.84

Level : ★★★

동영상에서는
다른 실로 뜹니다.

19

솔잎뜨기 토트백

작고 튼튼한 가방이 필요해서 뜬 소형 토트백.
손잡이는 가늘지만 뜨개실이 아주 튼튼해서 어디에나
사용할 수 있는 가방이에요. 책 읽기를 좋아하는
딸아이는 자기가 읽고 싶은 책을 몇 권 넣어서 방에 걸어
둡니다. 약 보관용으로 사용하는 사람도 있어요.

How to make P.88

Level : ★★☆

 동영상에서는 다른 실로 뜹니다.

18 사각 모티브 주머니

준비물

- **실** A 코튼 니트(S)・라메 Tiara
  - 01번(오프화이트) ·········· 11g
  - 05번(라일락) ················ 4g
  - 06번(코랄) ···················· 52g

- **바늘** 코바늘 4/0호・5/0호, 돗바늘

완성 치수

W 약 20cm × H 약 20cm × D 약 15cm

만드는 법
※ 실은 모두 2겹으로 뜬다.

1. 4/0호 바늘로 바닥을 뜬다. 코랄 실로 원형코를 만들어서 짧은뜨기를 6코 뜬다. → P.8~10, P.23・**1** 2~4
2. 둘째~열셋째 단은 뜨개 도안대로 코를 늘리면서 뜨고 열넷째~열다섯째 단은 증감 없이 뜬다.
3. 열여섯째~열일곱째 단은 코를 늘리면서 뜨고 열여덟째 단은 증감 없이 뜬다.
4. **Point** 5/0호 바늘로 모티브를 뜬다. 코랄과 오프화이트, 라일락과 오프화이트, 이 두 가지 패턴을 3장씩 뜬다. → P.86
5. **Point** 5/0호 바늘로 모티브를 이어서 원통 모양으로 만든다. → P.86~87
6. **Point** 바닥과 모티브를 5/0호 바늘로 잇는다. → P.87
7. 4/0호 바늘로 윗부분을 뜬다. 각 모티브에서 코를 주워서 짧은뜨기를 전부 84코 뜬다.
8. 둘째~일곱째 단은 증감 없이 뜨는데 이때 여섯째 단은 끈 끼울 구멍을 만들며 뜬다.
9. 여덟째 단은 짧은뜨기와 한길긴뜨기 5코를 되풀이하여 뜬다.
10. **Point** 4/0호 바늘로 스레드 끈을 2줄 떠서 주머니에 끼운다. → P.87

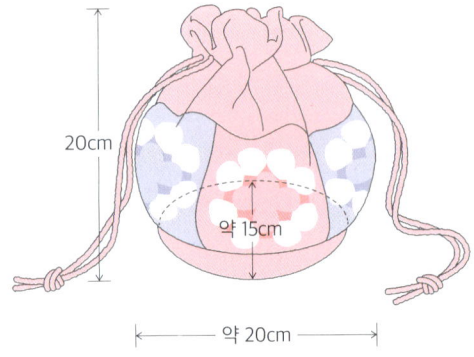

뜨개 도안

바닥

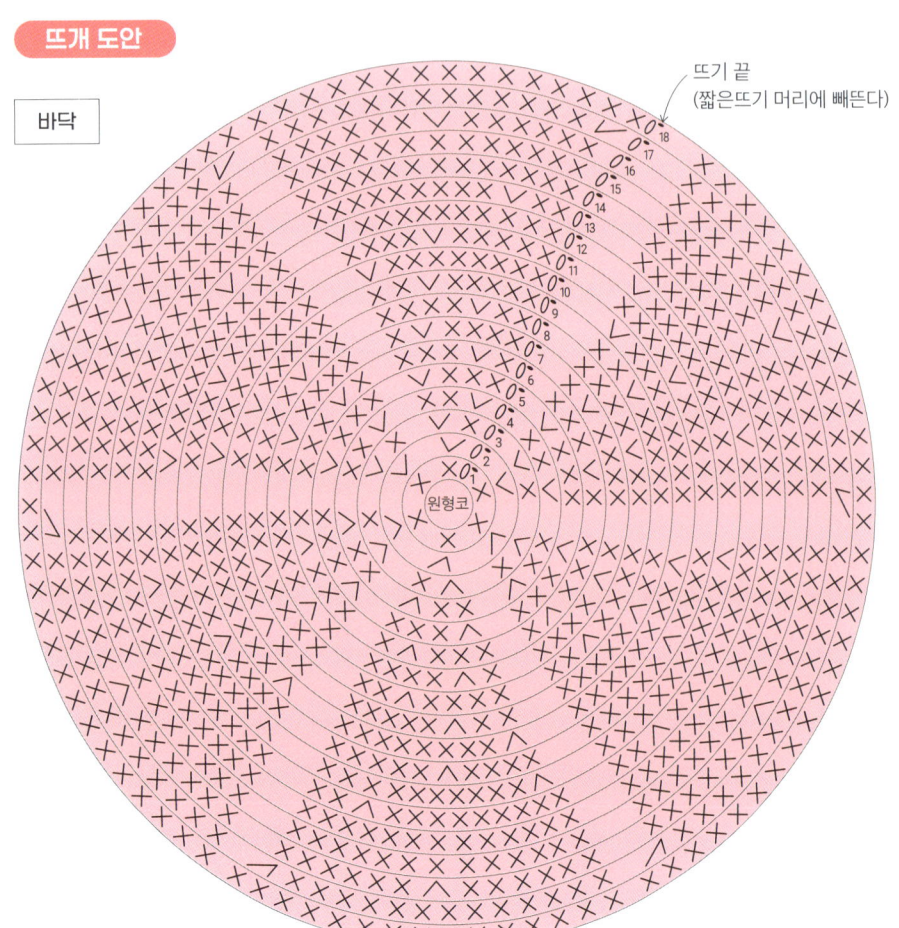

뜨기 끝
(짧은뜨기 머리에 빼뜬다)

- ● = 빼뜨기
- ○ = 사슬뜨기
- × = 짧은뜨기
- ∨ = 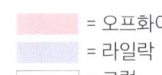 = 짧은뜨기 2코 늘려뜨기
- ∧ = 짧은뜨기 2코 모아뜨기
- ╪ = 한길긴뜨기
- ▷ = 실을 잇는다

- ■ = 오프화이트
- ■ = 라일락
- □ = 코랄

● **콧수표**

단수	콧수	증감
18	90코	증감 없음
17	90코	+6코
16	84코	+6코
14~15	78코	증감 없음
13	78코	단마다 +6코
12	72코	
11	66코	
10	60코	
9	54코	
8	48코	
7	42코	
6	36코	
5	30코	
4	24코	
3	18코	
2	12코	
1	6코	

모티브 × 6장

뜨기 끝
(한길긴뜨기 머리와 체인 잇기)

앞단이 사슬뜨기인 부분은 코 아래에서 주워서 뜹니다.

코럴과 오프화이트, 라일락과 오프화이트 패턴을 3장씩 뜹니다.

스레드 끈 2줄을 양 끝에서부터 끼워서 묶는다

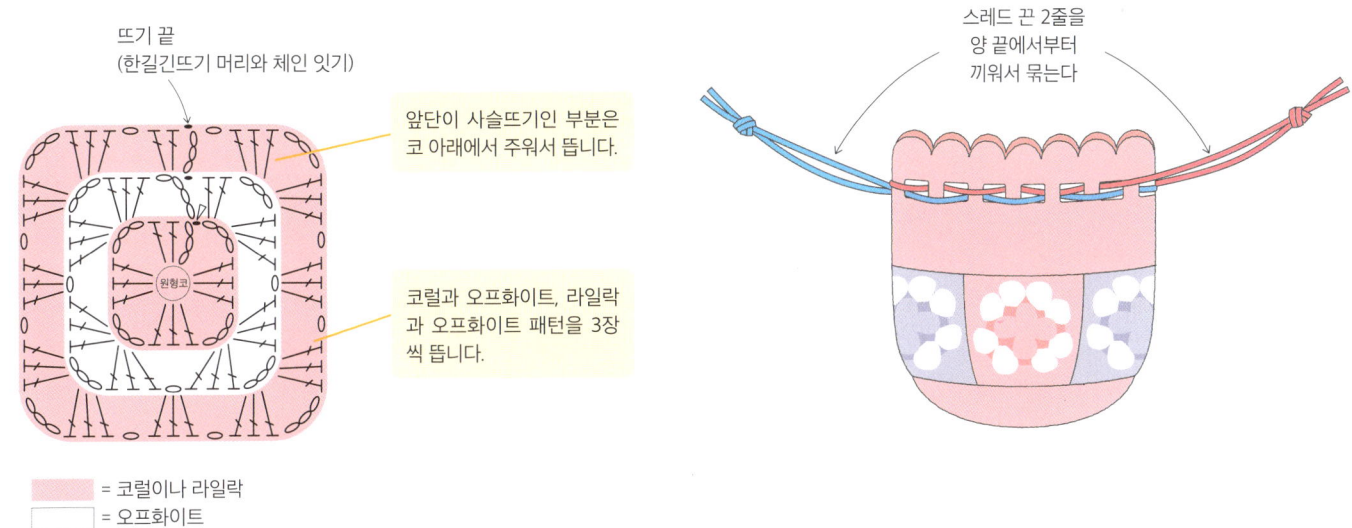

= 코럴이나 라일락
= 오프화이트

× = 코 아래에서 주워서 뜬다

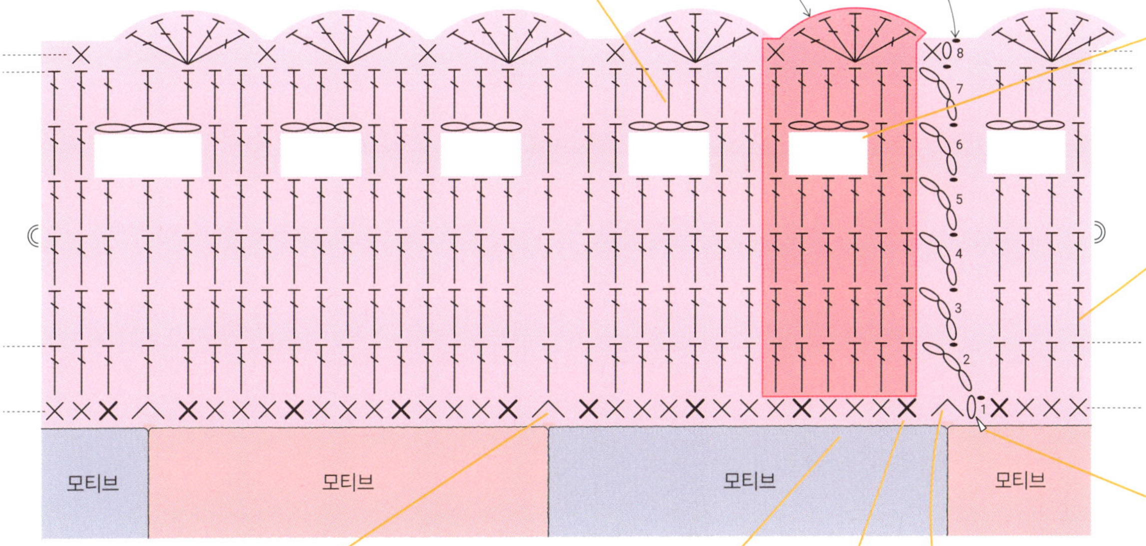

앞단이 사슬뜨기인 부분은 코 아래에서 주워서 한길긴뜨기를 합니다.

되풀이한다

뜨기 끝
(짧은뜨기 머리와 체인 잇기)

여섯째 단은 스레드 끈을 끼울 구멍을 만들면서 뜹니다.

여기에서는 한길긴뜨기를 4단 뜨지만 더 길게 하고 싶을 때는 단수를 늘려도 됩니다.

모티브 모서리의 사슬뜨기에 코바늘을 넣고 새 실을 걸어서 끌어냅니다. 기둥코로 사슬뜨기를 1코 뜹니다.

모티브 마지막 단의 모서리와 모서리 코를 주워서 짧은뜨기 2코 모아뜨기를 합니다.

모티브 마지막 단의 한길긴뜨기 머리를 주우면서 짧은뜨기를 3코 뜹니다.

모티브 마지막 단의 사슬뜨기 아래에서 주워서 짧은뜨기를 합니다.

실을 이은 코와 다음 모티브의 모서리 코에서 짧은뜨기 2코 모아뜨기를 합니다.

Point

4 모티브를 뜬다

1 코랄 실로 첫째 단을 뜹니다. 실로 원형코를 만들고 기둥코로 사슬뜨기를 3코 뜬 뒤에 한길긴뜨기를 2코 뜹니다.

2 사슬뜨기 3코, 한길긴뜨기 3코를 되풀이하며 한 바퀴 뜬 뒤에 원형코를 조입니다. → P.8~10

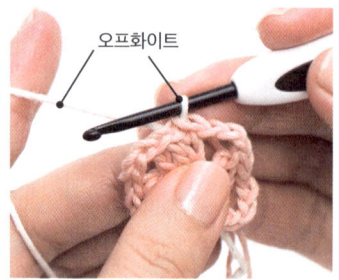

3 코바늘을 다시 원래대로 넣고 기둥코의 셋째 사슬코에 빼뜹니다. 이때 오프화이트 실로 바꿉니다.

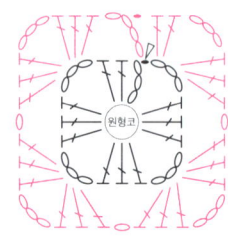

4 둘째 단은 사슬뜨기를 4코 뜬 뒤에 코 아래에서 주워서 한길긴뜨기를 3코 뜹니다.

5 사슬뜨기 3코, 한길긴뜨기 3코, 사슬뜨기 1코, 한길긴뜨기 3코를 되풀이하며 한 바퀴 뜹니다. 마지막에는 한길긴뜨기를 2코 뜹니다.

6 첫 코에 빼뜰 때 첫째 단을 뜬 실로 바꿉니다.

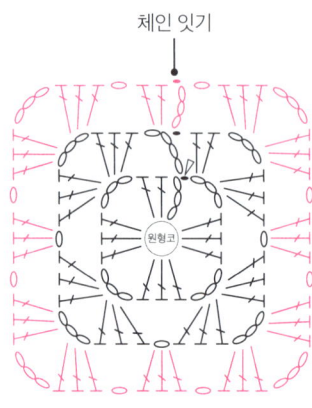

7 셋째 단은 기둥코로 사슬뜨기를 3코 뜬 뒤에 뜨개 도안대로 한길긴뜨기와 사슬뜨기를 합니다.

8 셋째 단의 마지막은 체인 잇기를 합니다. (→ P.19 · 9)

9 뜨개바탕 안쪽에서 실을 처리합니다.

5 모티브를 잇는다

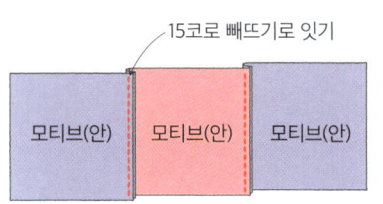

모티브의 1변 15코끼리 맞대고 15코 빼뜨기를 해서 잇습니다.

1 색이 다른 모티브 2장을 겉끼리 맞대고 모서리의 사슬뜨기 3코의 한가운데 뒤쪽 반코씩에 코바늘을 넣습니다.

2 코바늘 끝에 실을 걸고 화살표 방향으로 빼냅니다.

3 빼낸 모습. 이 과정을 14코만큼 더 되풀이합니다.

6 바닥과 모티브를 잇는다

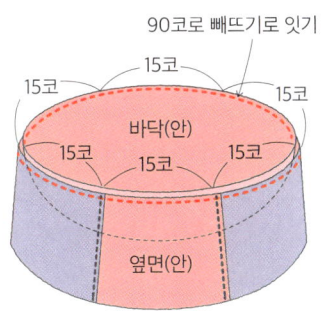
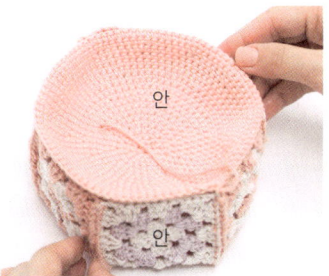

4 열다섯째 코까지 빼뜨기로 이었습니다.

5 같은 요령으로 두 가지 색 모티브를 교대로 배치하여 6장을 이어서 원통 모양을 만듭니다.

바닥과 옆면을 겹치고 '15코씩 × 모티브 6장분'을 빼뜨기로 잇습니다.

1 이은 모티브의 안쪽이 바깥으로 오도록 놓고, 바닥은 안쪽이 위로 오게 하여 사진처럼 겹칩니다.

2 모티브의 모서리 코의 뒤쪽 반코와 바닥 코의 뒤쪽 반코에 코바늘을 넣습니다.

3 새 실을 코바늘 끝에 걸고 빼냅니다.

4 빼낸 모습.

5 2~3을 되풀이하며 한 바퀴 뜹니다.

10 스레드 끈을 뜬다

※ 동영상에서는 80cm를 떴습니다.

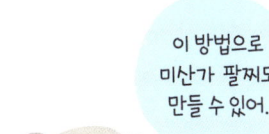
이 방법으로 미산가 팔찌도 만들 수 있어.

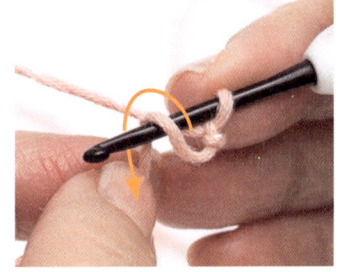

1 여기에서는 60cm 끈을 뜹니다. 끈 길이의 3~3.5배 길이인 1m 80cm~2m 10cm 지점에서 사슬뜨기를 1코 뜹니다.

2 실 끝 쪽의 실을 코바늘 끝에 앞쪽에서 뒤쪽으로 겁니다.

3 코 밑부분을 왼손으로 누르고 코바늘 끝에 손가락에 걸려 있는 쪽의 실을 걸어서 화살표 방향으로 빼냅니다.

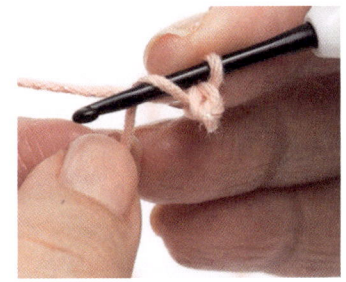
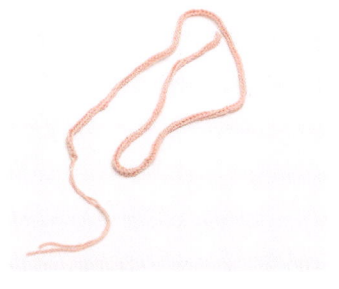

4 빼낸 모습.

5 2~4를 되풀이합니다.

6 원하는 길이가 되면 실을 자릅니다.

7 돗바늘에 나머지 실을 꿰어서 실을 처리합니다.

19 솔잎뜨기 토트백

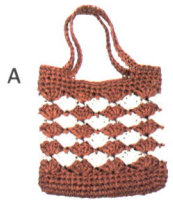
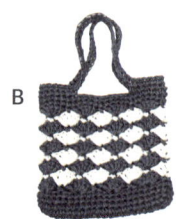

준비물

- 실 A 아미안 Wide
  - a 05번(다크체리) ······ 46g
  - b 01번(밀크화이트) ······ 16g
  - B 아미안 Wide
  - a 07번(잉크블루) ······ 46g
  - b 01번(밀크화이트) ······ 16g

- 바늘 코바늘 8/0호, 돗바늘

완성 치수

W 약 17cm × H 약 26cm

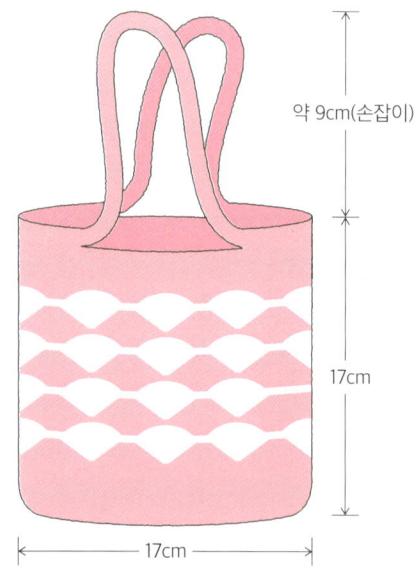

만드는 법

1. 사슬뜨기를 20코 뜬다. 기둥코로 사슬 1코를 뜬 뒤에 짧은뜨기로 첫째 단을 한 바퀴 돌아가며 뜬다. → P.16~17 · 2
2. 둘째 단은 짧은뜨기로 코를 늘리며 떠서 바닥을 타원형으로 만든다.
3. 셋째~다섯째 단은 증감 없이 짧은뜨기를 한다.
4. **Point** 여섯째~열넷째 단은 1단마다 색을 바꾸며 솔잎뜨기를 한다. → P.17~18(솔잎뜨기), 아래 참조
5. 열다섯째~열여섯째 단은 증감 없이 짧은뜨기를 한다.
6. 열일곱째~열여덟째 단은 뜨개 도안대로 손잡이를 뜬다. → P.80~81 · 6
7. 열아홉째 단은 느슨하게 빼뜨기를 하고 마지막은 체인 잇기를 한다. → P.81 · 7

> 다른 색 실로 바꿀 때 실은 자르지 않아요. → P.23

Point

4 실 색을 바꾸면서 솔잎뜨기를 한다

1 여섯째 단의 마지막 솔잎뜨기를 한 모습.

2 첫 짧은뜨기의 머리에 코바늘을 넣습니다.

3 지금까지 뜬 실을 코바늘 끝에 앞쪽에서 뒤쪽으로 겁니다.

4 b색 실을 코바늘 끝에 걸고 화살표 방향으로 빼냅니다.

뜨개 도안

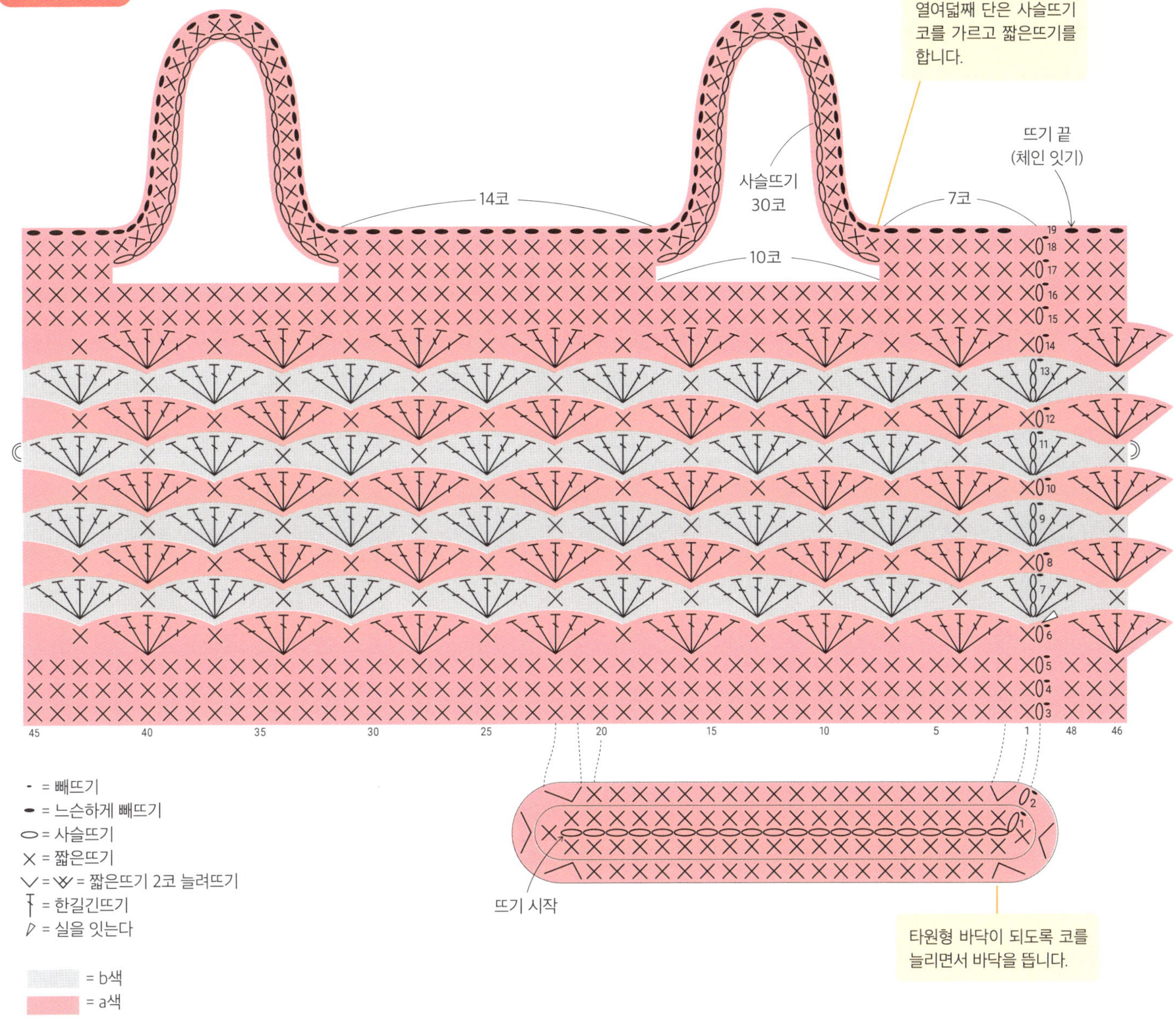

열여덟째 단은 사슬뜨기 코를 가르고 짧은뜨기를 합니다.
뜨기 끝 (체인 잇기)
14코
사슬뜨기 30코
7코
10코
45
40
35
30
25
20
15
10
5
1
48
46
뜨기 시작
타원형 바닥이 되도록 코를 늘리면서 바닥을 뜹니다.
• = 빼뜨기
● = 느슨하게 빼뜨기
○ = 사슬뜨기
× = 짧은뜨기
∨ = ⩔ = 짧은뜨기 2코 늘려뜨기
Ŧ = 한길긴뜨기
▷ = 실을 잇는다
= b색
= a색

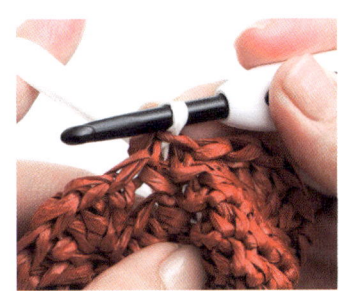

5 빼낸 모습. b색으로 솔잎뜨기를 1단 합니다. a색 실은 자르지 않고 쉬게 둡니다.

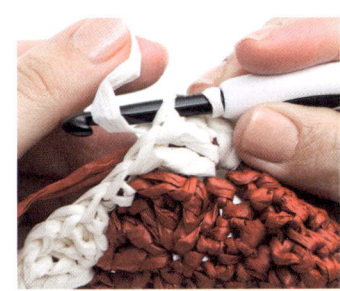

6 일곱째 단의 마지막 빼뜨기를 할 때 지금까지 뜬 b색 실을 3과 같은 방법으로 코바늘 끝에 겁니다.

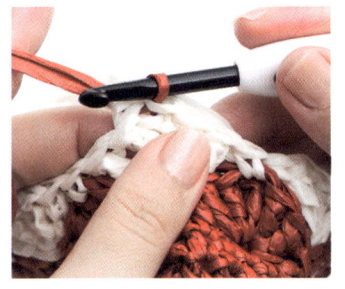

7 쉬게 둔 a색 실을 뜨개바탕 안쪽에서 세로로 걸치고 코바늘 끝에 걸어서 빼냅니다.

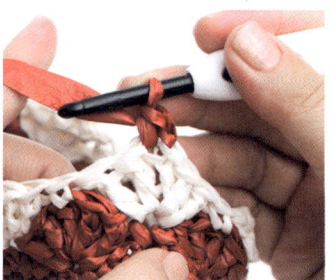

8 a색으로 여덟째 단을 뜹니다.

20

햇빛 가리개 모자

접으면 가방에 넣을 수도 있고 더러워져도 금방 빨 수 있는 햇빛 가리개 모자입니다. 여기에서는 다양한 옷차림에 무난하게 어울리는 베이지색으로 떴지만, 여러분은 각자 좋아하는 색을 골라 보세요. 무늬뜨기 스톨(P.91)과 코디해도 멋집니다.

How to make P.92

Level : ★★★

동영상에서는 다른 실로 뜹니다.

21

밀짚모자 스타일 도토리 비니

인기 만점인 도토리 비니의 여름 버전입니다. 간단한 짧은뜨기로 떴습니다. 샘플을 만들어 보는 단계에서 모자에 리본을 감는 것이 의외로 어려운 작업이라는 사실을 알고 리본을 감은 것처럼 보이는 디자인으로 수정했습니다. 작품은 6/0호 코바늘로 떴으며 머리 둘레는 50cm입니다.

How to make P.94

Level : ★★☆

동영상에서는 다른 실로 뜹니다.

22

무늬뜨기 스톨

햇볕은 따스하지만 그늘에 가면 조금 쌀쌀한 날에
가볍게 두를 수 있는 스톨입니다. 특히 자외선이 강한
봄에는 목 주변을 보호하는 용도로 좋아요.
아이를 데리고 공원에 갈 때 가방에 접어서 넣고 나가면
유용하지요. 올해는 얼굴 주위가 환해 보이도록
흰색 실로도 하나 뜰 예정이랍니다.

How to make P.96

Level : ★☆☆

뜨는 법을 동영상으로
볼 수 있어요.

20 햇빛 가리개 모자

준비물

- **실** NEW 아미 코튼(가는 타입)
  21번(밀크티) ············· 175g

- **바늘** 코바늘 6/0호, 돗바늘

- **그 외** 약 2mm 너비 가죽끈(갈색) 110cm

완성 치수

머리둘레 약 57cm

게이지

한길긴뜨기 · 무늬뜨기 10cm = 14.5코 × 7.5단

모자챙을 둥글게 접을 수도 있습니다.

만드는 법

1. 실로 원형코를 만들고 기둥코로 사슬뜨기를 3코 뜬 뒤에 한길긴뜨기를 14코 뜬다. → P.8~10
2. 둘째 단 이후는 뜨개 도안대로 코를 늘리면서 뜬다.
3. **Point** 여덟째~열셋째 단은 무늬뜨기를 한다. → 아래 참조
4. 열넷째 단은 증감 없이 뜨고 열다섯째 단 이후는 뜨개 도안대로 코를 늘리면서 뜬다.

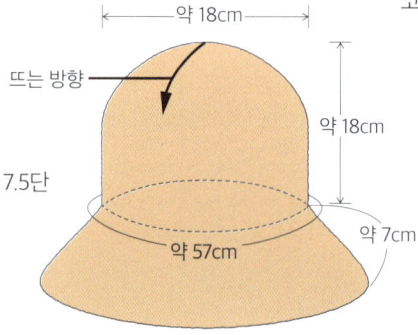

Point

3 무늬뜨기를 한다

1. 여덟째 단은 사슬뜨기를 4코 뜨고 코 밑부분에 코바늘을 넣어서 한길긴뜨기 2코 구슬뜨기(→P.27)를 합니다.

2. 2코를 건너뛰고 다음 코의 머리에 한길긴뜨기 2코 구슬뜨기, 사슬뜨기 1코, 한길긴뜨기 2코 구슬뜨기를 합니다.

3. 2를 되풀이하며 한 바퀴 뜬 뒤에 첫 사슬뜨기의 밑부분에 한길긴뜨기를 합니다.

4. 다음은 첫 사슬뜨기의 셋째 코에 빼뜨기를 합니다.

5. 마지막은 첫 사슬뜨기의 코 아래에서 주워서 빼뜨기를 합니다.

6. 여덟째 단을 완성했습니다.

7. 아홉째 단은 기둥코로 사슬뜨기를 3코 뜨고 앞단의 사슬뜨기 아래에서 주워서 한길긴뜨기를 합니다.

8. 다음은 앞단의 사슬뜨기 아래에서 주워서 한길긴뜨기를 3코 뜹니다. 이 과정을 되풀이하며 한 바퀴 뜹니다.

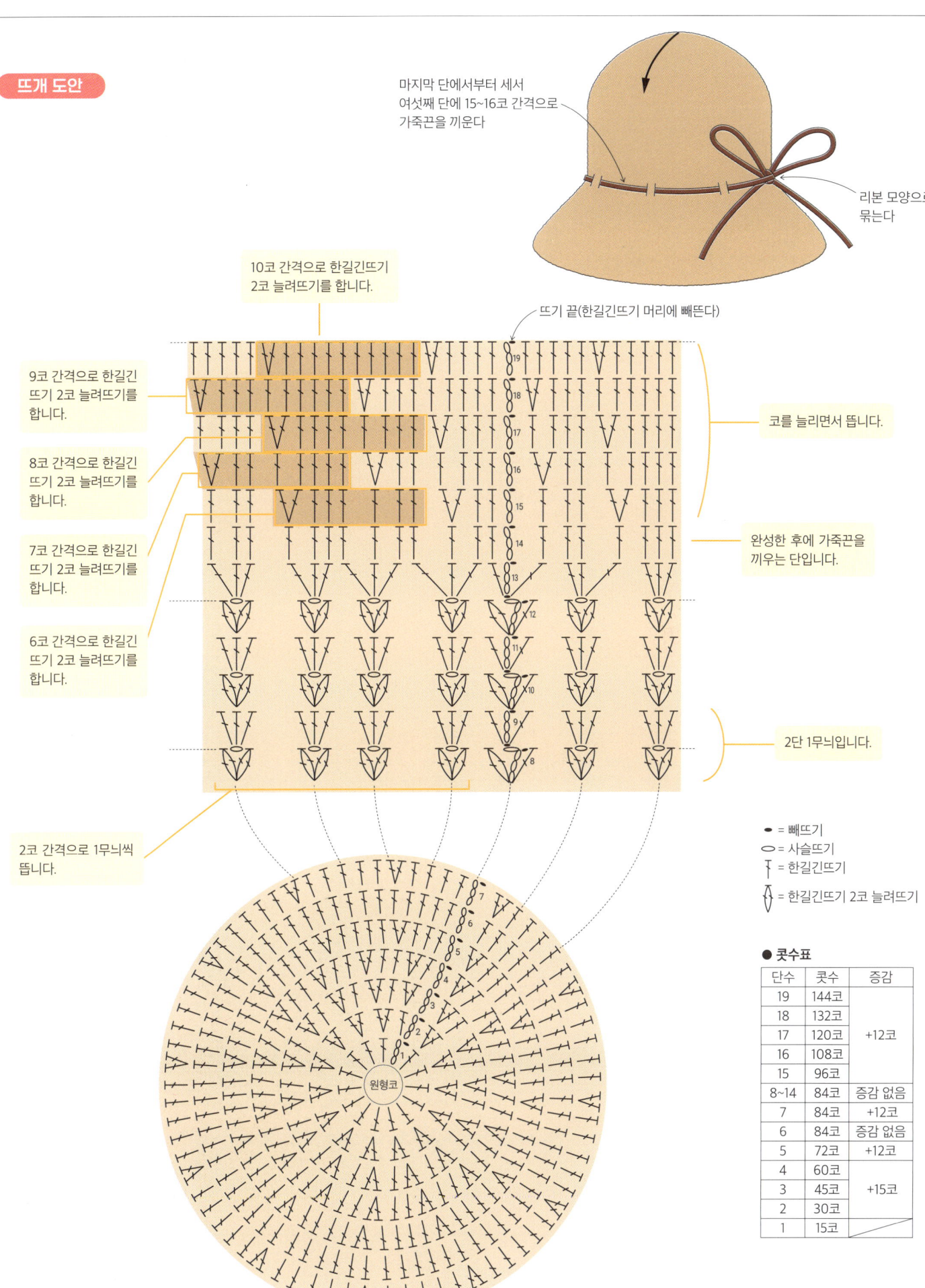

21 밀짚모자 스타일 도토리 비니

준비물

- **실** Raffia
  - 83번(밀크화이트) ········· 63g
  - 78번(인디고블루) ········· 13g

- **바늘** 코바늘 6/0호, 돗바늘

완성 치수

머리둘레 약 50cm

게이지

짧은뜨기 10cm = 18코 × 21.5단

만드는 법

1. 크라운을 뜬다. 실로 원형코를 만들어서 짧은뜨기를 8코 뜬다.
   → P.8~10, P.23 · **1** 2~4
2. **Point** 둘째~다섯째 단까지는 증감 없이 원통 모양으로 뜬다. → P.95
3. 여섯째~스물셋째 단까지는 뜨개 도안대로 도중에서 코를 늘리면서 뜬다.
4. 스물넷째~서른아홉째 단까지는 증감 없이 사이드 부분을 뜬다.
   도중에 서른넷째~서른여덟째 단은 인디고블루로 뜬다.
5. 마흔째~마흔일곱째 단은 코를 늘리면서 뜬다.
6. 마흔여덟째 단은 느슨하게 빼뜨기를 하고 마지막에 체인 잇기를 한다.
   → P.81 · **7**

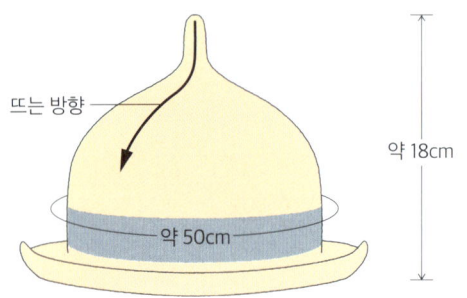

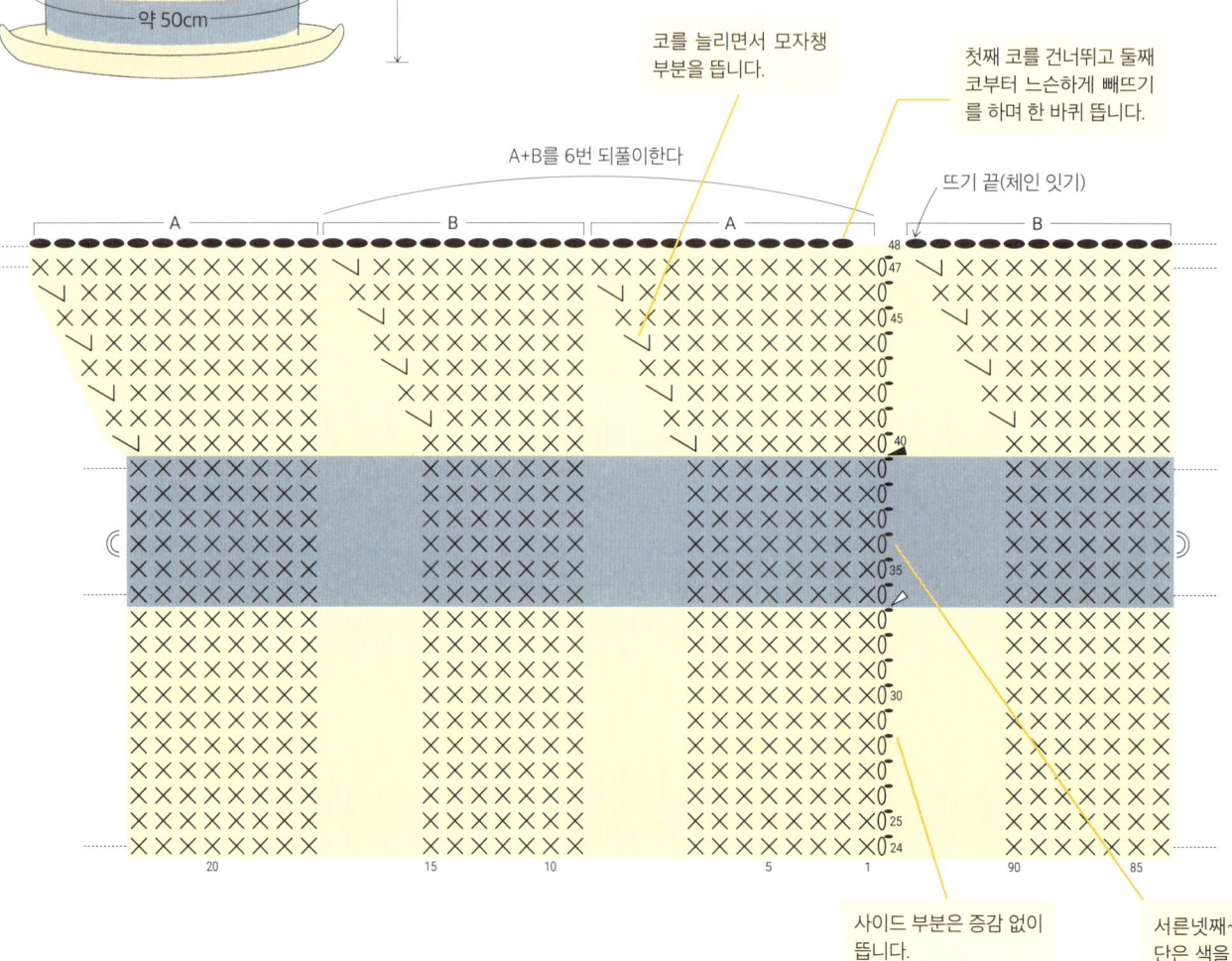

코를 늘리면서 모자챙 부분을 뜹니다.

첫째 코를 건너뛰고 둘째 코부터 느슨하게 빼뜨기를 하며 한 바퀴 뜹니다.

A+B를 6번 되풀이한다

뜨기 끝(체인 잇기)

사이드 부분은 증감 없이 뜹니다.

서른넷째~서른아홉째 단은 색을 바꿔서 뜨면 리본을 감은 것처럼 보이는 디자인이 됩니다.

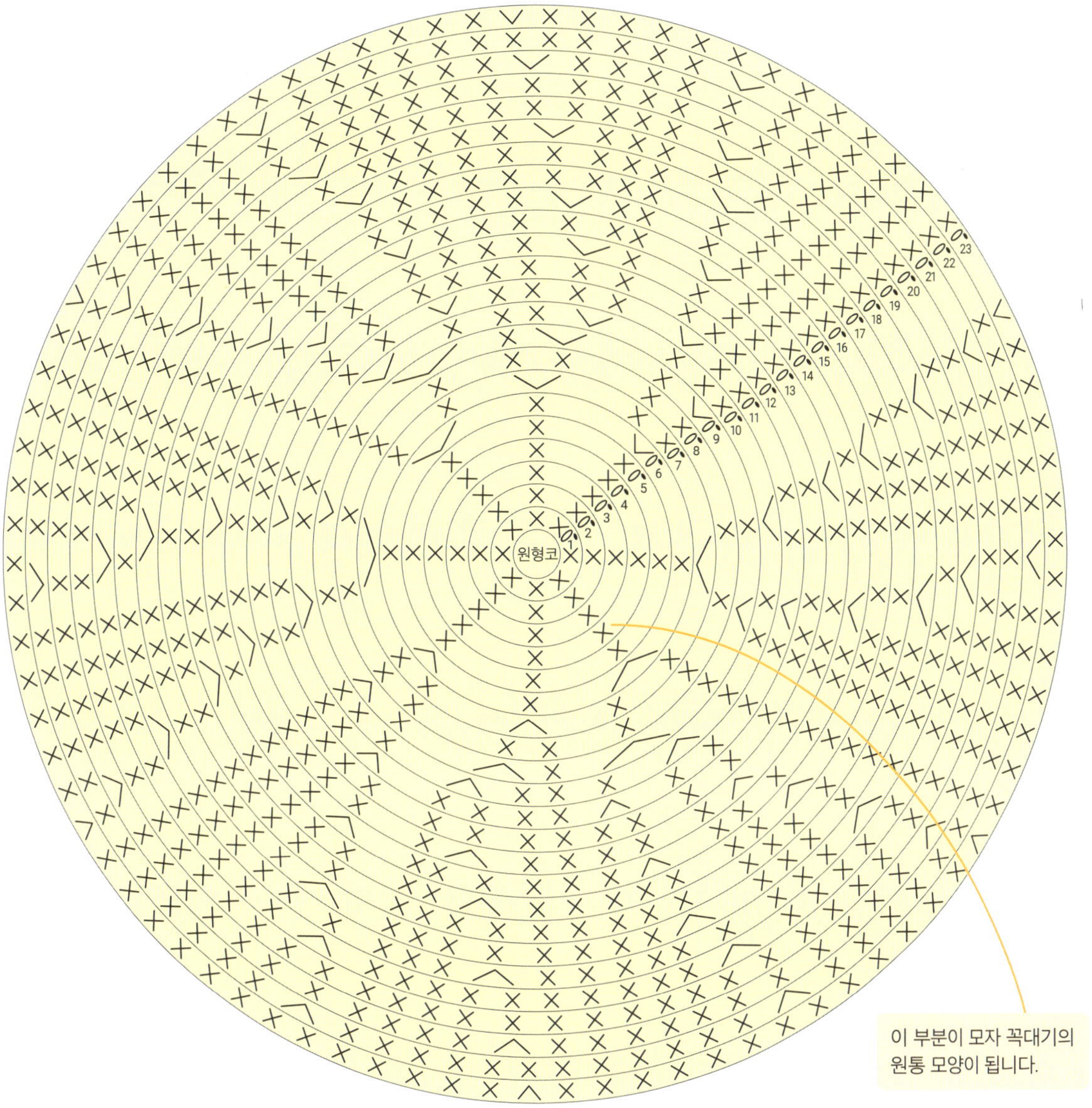

- = 빼뜨기
- = 느슨하게 빼뜨기
○ = 사슬뜨기
× = 짧은뜨기
∨ = ᐯ = 짧은뜨기 2코 늘려뜨기
▷ = 실을 잇는다
▸ = 실을 자른다

■ = 인디고블루
■ = 밀크화이트

● 콧수표

단수	콧수	증감
47	138코	
46	132코	
45	126코	
44	120코	+6코
43	114코	
42	108코	
41	102코	
40	96코	
24~39	90코	증감 없음
23	90코	
22	84코	+6코
21	78코	
20	72코	증감 없음
19	72코	
18	66코	+6코
17	60코	
16	54코	증감 없음
15	54코	
14	48코	+6코
13	42코	
12	36코	증감 없음
11	36코	+6코
10	30코	
9	24코	+8코
8	16코	증감 없음
7	16코	+4코
6	12코	
2~5	8코	증감 없음
1	8코	

이 부분이 모자 꼭대기의 원통 모양이 됩니다.

 Point

2 모자 꼭대기를 원통 모양으로 뜬다

도토리 비니의 디자인 포인트예요.

1 실로 원형코를 만들어서 첫째 단을 뜬 모습.

2 다섯째 단까지 증감 없이 떠서 통 모양을 만듭니다.

3 여섯째 단부터 코를 늘리면서 둥근 머리 모양을 만듭니다.

22 무늬뜨기 스톨

준비물
- **실** Pochette 06번(베이비리프) ……………… 170g
- **바늘** 코바늘 4호, 돗바늘

완성 치수
W 약 20cm × H 약 170cm

만드는 법
1. 사슬뜨기를 59코 뜬다.
2. **Point** 기둥코로 사슬뜨기를 3코 뜨고 코바늘에서부터 다섯째 코에 한길긴뜨기를 한다. 그 이후는 뜨개 도안대로 187단까지 무늬뜨기를 왕복뜨기 한다. → P.97

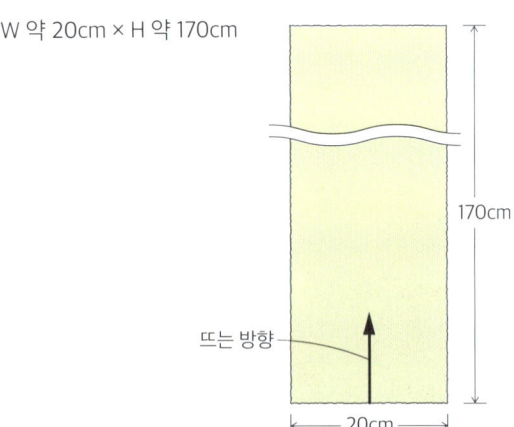

뜨개 도안

- = 빼뜨기
- ○ = 사슬뜨기
- ┬ = 한길긴뜨기

스톨의 길이는 자신의 취향에 맞춰 정합니다.

뜨기 끝

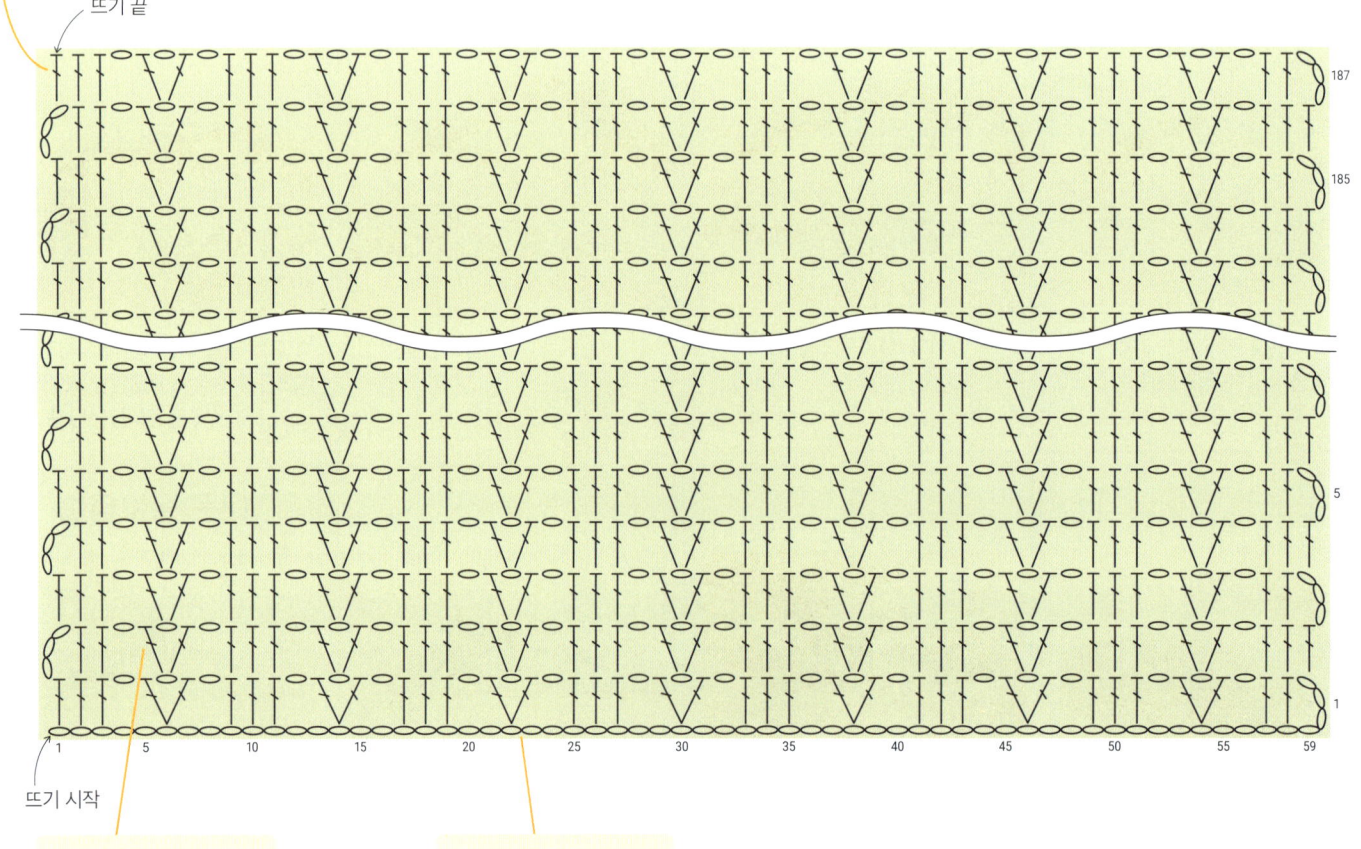

뜨기 시작

둘째 단부터는 앞단이 사슬 뜨기인 곳에 하는 한길긴뜨기는 코 아래에서 주워서 뜹니다.

너비를 더 넓게 하고 싶으면 8코의 배수만큼 더해서 뜹니다.

Point

2 무늬뜨기를 한다

1 시작코로 사슬뜨기를 59코 뜹니다.

2 다시 기둥코 분량으로 3코 뜹니다.

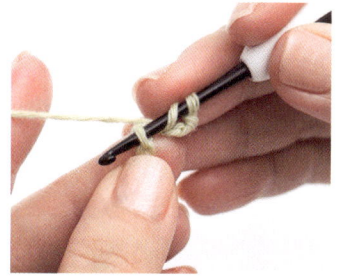
3 코바늘 끝에 실을 걸어서 코바늘에서부터 다섯째 코의 사슬코 산에 코바늘을 넣습니다.

4 코바늘 끝에 실을 걸고 한길긴뜨기를 합니다.

5 한길긴뜨기를 1코 뜬 모습.

6 계속해서 한길긴뜨기를 1코 더 뜹니다.

7 사슬뜨기를 1코 뜨고 2코를 건너뛰어서 셋째 코에 한길긴뜨기를 합니다.

8 사슬뜨기를 1코 뜨고 7에서 한길긴뜨기를 한 코와 같은 코에 한길긴뜨기를 한 뒤에 사슬뜨기를 1코 뜹니다.

9 한길긴뜨기 3코와 7~8을 되풀이하여 첫째 단을 뜹니다.

10 둘째 단의 기둥코로 사슬뜨기를 3코 뜹니다.

11 뜨개바탕을 돌립니다.

12 한길긴뜨기를 2코 뜹니다.

13 12 사진의 ★을 코 아래에서 주워서 한길긴뜨기를 합니다.

14 코 아래에서 주워서 한길긴뜨기를 한 모습.

15 사슬뜨기를 1코 뜨고 다시 한 번 같은 곳에 코 아래에서 주워서 한길긴뜨기를 합니다.

16 뜨개 도안대로 둘째 단까지 뜬 모습.

23
폭신폭신 도토리 비니

Level : ★★☆

인기 있는 도토리 비니를 폭신폭신한 실로 떠 봤습니다.
중간에 삼잎뜨기 무늬를 넣어서 귀엽지요.
어른용 폭신폭신 베레모와 함께 쓰면
엄마와 아이의 커플 코디가 됩니다.

How to make P.100

뜨는 법을 동영상으로
볼 수 있어요.

24
폭신폭신 베레모

Level : ★★☆

폭신폭신한 실의 소재감을 살린 부드러운 느낌의
베레모를 떴습니다. 포인트는 뜨개바탕의 안쪽을 겉면으로
사용하는 것. 그렇게 하면 더욱 폭신한 느낌이 납니다.
동영상에서는 어른용 사이즈 세 가지, 어린이용 사이즈
세 가지를 뜨는 법을 표로 만들어서 공개하고 있으니 참고하세요.

How to make P.104

동영상에서는
다른 색깔로 뜹니다.

23 폭신폭신 도토리 비니

준비물

- **실** WHIPS 07번(라벤더시럽) ·········· 54g
- **바늘** 코바늘 7/0호, 돗바늘

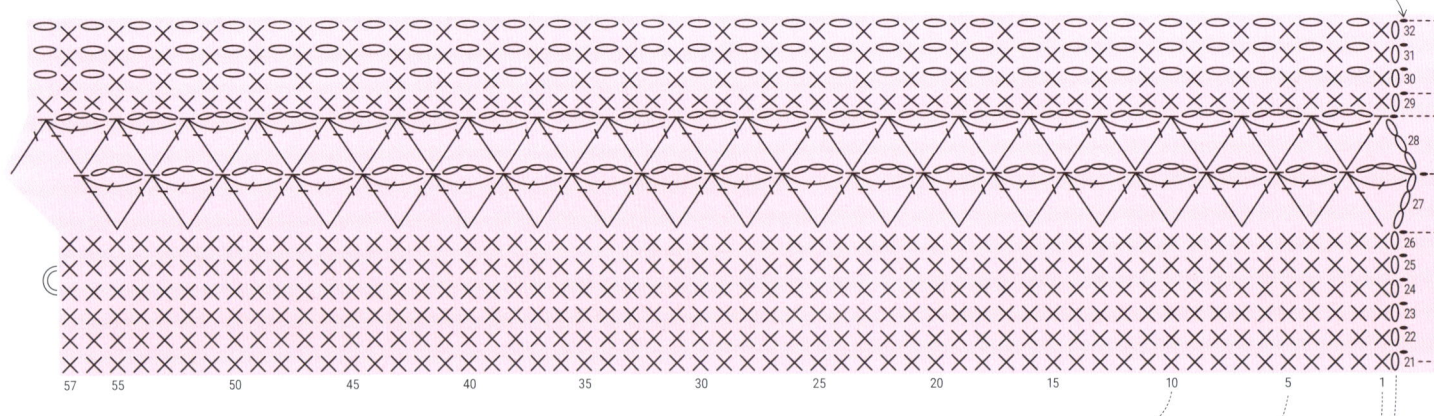

완성 치수

머리둘레 약 52cm

게이지

짧은뜨기 10cm = 17.5코 × 17단

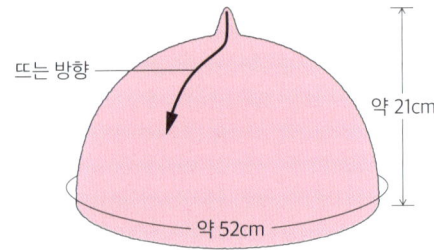

모자 꼭대기는 가는 원통 모양으로 뜹니다. → P.95

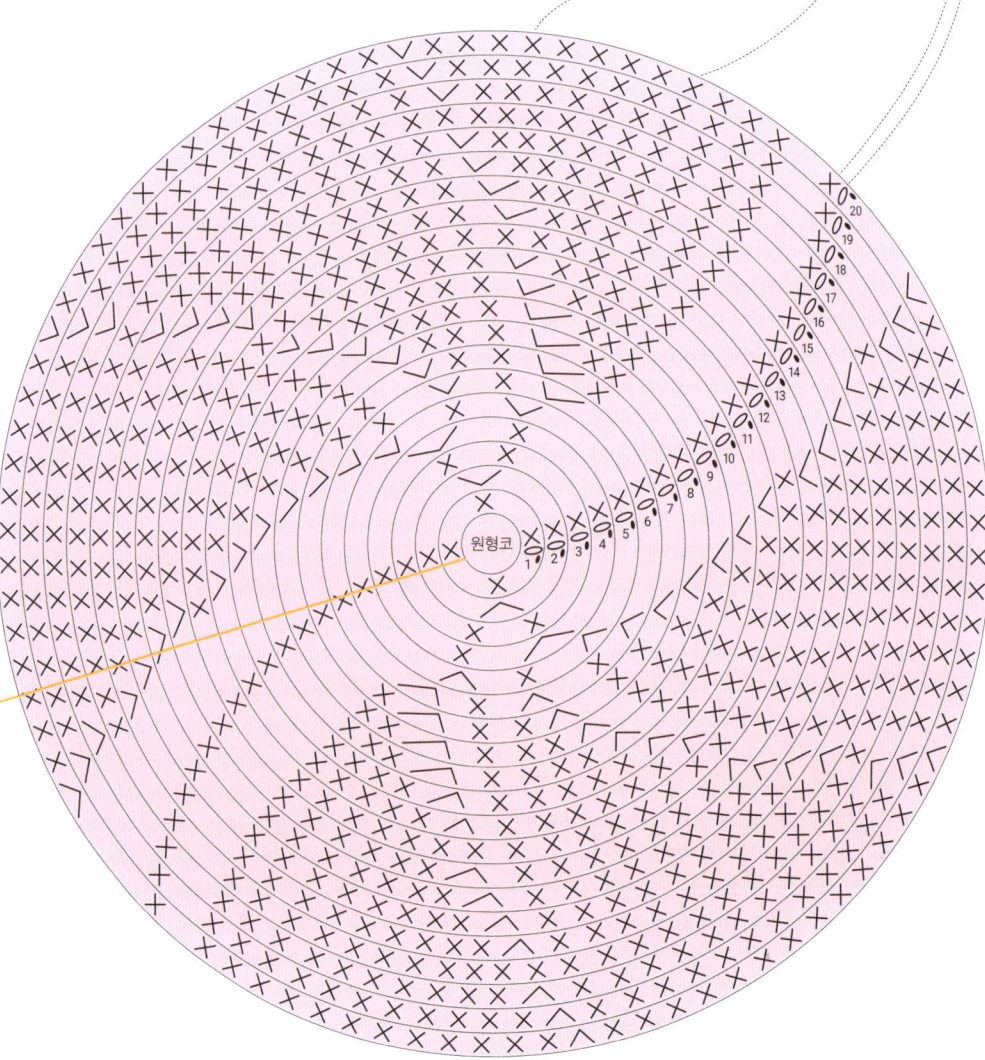

100

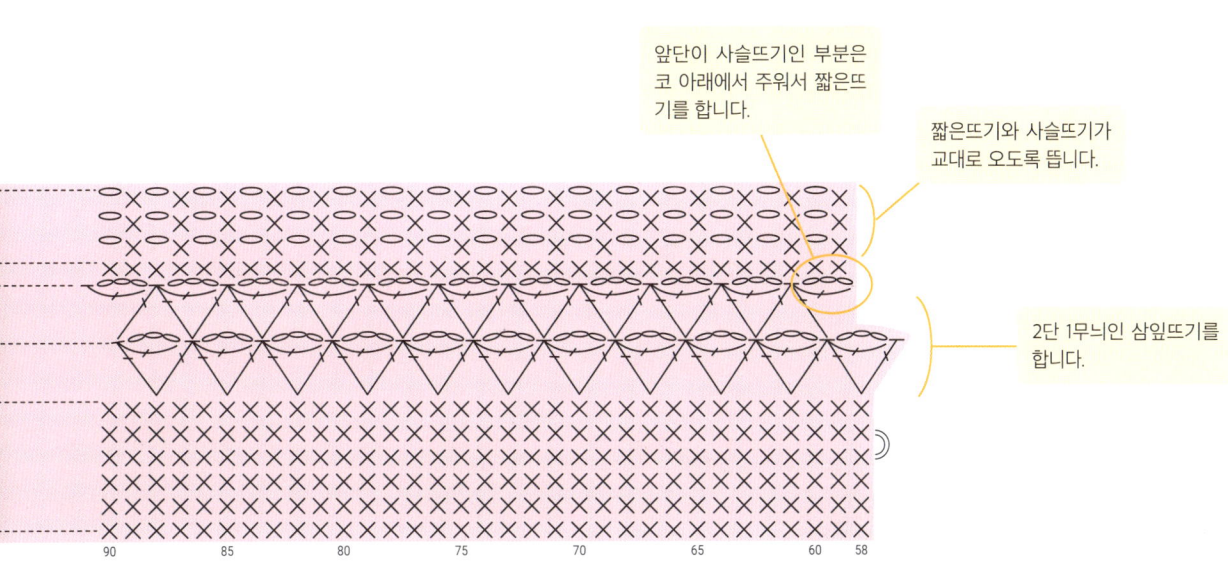

앞단이 사슬뜨기인 부분은 코 아래에서 주워서 짧은뜨기를 합니다.

짧은뜨기와 사슬뜨기가 교대로 오도록 뜹니다.

2단 1무늬인 삼잎뜨기를 합니다.

● 콧수표

단수	콧수	증감
30~32	90코	증감 없음
29	90코	
27~28	30무늬	
21~26	90코	
20	90코	+6코
19	84코	
18	78코	
17	72코	증감 없음
16	72코	+6코
15	66코	
14	60코	
13	54코	
12	48코	증감 없음
11	48코	+6코
10	42코	
9	36코	
8	30코	
7	24코	
6	18코	
5	12코	+4코
4	8코	+2코
3	6코	증감 없음
2	6코	+2코
1	4코	

● = 빼뜨기
○ = 사슬뜨기
× = 짧은뜨기
∨ = ⩔ = 짧은뜨기 2코 늘려뜨기
╈ = 한길긴뜨기

만드는 법
※ 실은 모두 2겹으로 뜬다.

1. 실로 원형코를 만들어서 짧은뜨기를 4코 뜬다. → P.8~10, P.23 · **1** 2~4
2. 둘째~넷째 단까지는 뜨개 도안대로 떠서 모자 꼭대기 부분을 만든다. → P.95
3. 다섯째~스무째 단까지는 도중에서 코를 늘리면서 머리 모양처럼 둥글어지게 뜬다.
4. **Point** 스물한째~스물여섯째 단은 증감 없이 짧은뜨기를 하고 스물일곱째~스물여덟째 단은 삼잎뜨기를 한다. → P.102~103
5. 스물아홉째 단은 삼잎뜨기 1무늬에서 3코씩 주워서 짧은뜨기를 한다.
6. 서른째~서른둘째 단은 짧은뜨기와 사슬뜨기가 교대로 오도록 뜬다.

Point

4 삼잎뜨기를 한다

1 사슬뜨기를 6코 뜹니다.

2 코바늘 끝에 실을 걸고 코바늘에 서부터 셋째 코의 사슬코 산에 코바늘을 넣습니다.

3 코바늘 끝에 실을 걸고 화살표 방향으로 끌어냅니다.

4 끌어낸 실을 위로 끌어당깁니다.

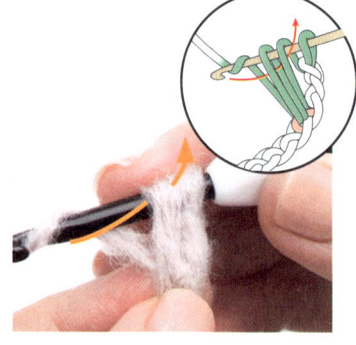

5 코바늘 끝에 실을 걸고 화살표 방향으로 바늘 끝 쪽의 2가닥 안으로만 빼냅니다.

6 빼낸 모습. 미완성 한길긴뜨기를 1코 떴습니다.

7 코바늘 끝에 실을 걸고 1의 사슬뜨기 밑부분에 코바늘을 넣습니다.

8 코바늘 끝에 실을 걸고 화살표 방향으로 끌어냅니다.

9 끌어낸 실을 위로 끌어당깁니다.

10 코바늘 끝에 실을 걸고 화살표 방향으로 빼냅니다.

11 빼낸 모습. 미완성 한길긴뜨기를 2코 떴습니다.

12 코바늘 끝에 실을 걸고, 앞단의 2코를 건너뛰어 셋째 코의 머리에 코바늘을 넣습니다.

13 8~11을 되풀이합니다.

14 11까지의 과정을 되풀이한 모습. 미완성 한길긴뜨기를 3코 떴습니다.

15 코바늘 끝에 실을 걸고 코바늘에 걸려 있는 고리를 화살표처럼 한 번에 전부 빼냅니다.

16 빼낸 모습. 한길긴뜨기 3코 모아 뜨기를 했습니다.

17 다음부터는 사슬뜨기를 3코 뜨고 2~16을 되풀이합니다.

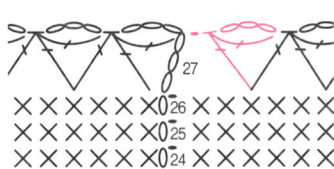

18 스물일곱째 단의 마지막은 사슬뜨기를 3코 뜨고 한길긴뜨기 2코 모아뜨기를 합니다.

19 첫 사슬뜨기의 셋째 코에 코바늘을 넣습니다.

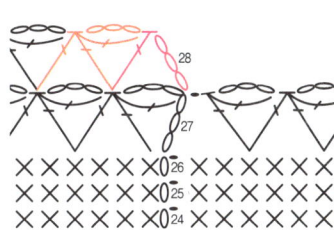

20 빼냅니다. 스물일곱째 단을 완성했습니다.

21 스물여덟째 단은 먼저 사슬뜨기를 3코 뜹니다.

22 앞단의 3코 모아뜨기를 한 코의 머리(21 사진의 ◎)를 주워서 한길긴뜨기를 합니다.

23 사슬뜨기를 3코 뜹니다.

24 2~16을 되풀이하며 한 바퀴를 뜹니다.

25 한 바퀴 돌아가며 뜬 모습.

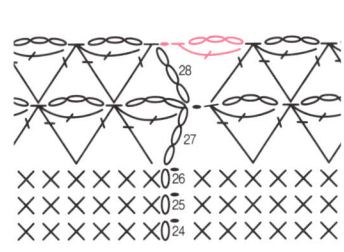

26 스물여덟째 단의 마지막은 사슬뜨기를 3코 뜹니다.

27 코바늘 끝에 실을 걸고 26의 사슬뜨기의 밑부분에 코바늘을 넣어서 한길긴뜨기를 합니다.

28 첫 한길긴뜨기의 머리(27 사진의 ★)에 코바늘을 넣고 실을 걸어서 빼냅니다. 스물여덟째 단을 완성했습니다.

24 폭신폭신 베레모

준비물

- 실: WHIPS 06번(연회색) ········· 76g
- 바늘: 코바늘 7/0호, 돗바늘
- 그 외: 스티치 마커 적당량

게이지

짧은뜨기 10cm = 16코 × 20단

> 스물여덟째~서른셋째 단까지는 단마다 6코씩 코를 줄입니다.

> 마지막 4단은 증감 없이 뜹니다. 이 부분의 높이는 취향대로 정합니다. 테두리를 깊게 접어서 쓰고 싶은 사람은 단수를 늘립니다.

> 뜨기 끝(짧은뜨기 머리에 빼뜨다)

> 스무째 단까지는 단마다 6코씩 늘립니다. 10단마다 스티치 마커를 꽂아 두면 단수를 세기 쉽습니다.

> 뜨개바탕의 안이 겉으로 온다는 점을 의식하면서 뜨세요.

원형코

🔴 **만드는 법**   ※ 실은 모두 2겹으로 뜬다.

① 실로 원형코를 만들어서 짧은뜨기를 6코 뜬다. → P.8~10, P.23 · 🔴 2~4

② 둘째~스무째 단까지 단마다 6코씩 늘리면서 뜬다.

③ 스물한째~스물둘째 단은 증감 없이 뜨고 스물셋째 단에서는 6코 늘리며 뜨고 스물넷째~스물일곱째 단은 증감 없이 뜬다.

④ 스물여덟째~서른셋째 단은 단마다 6코씩 줄이면서 뜬다.

⑤ 서른넷째~서른일곱째 단은 증감 없이 뜬다.

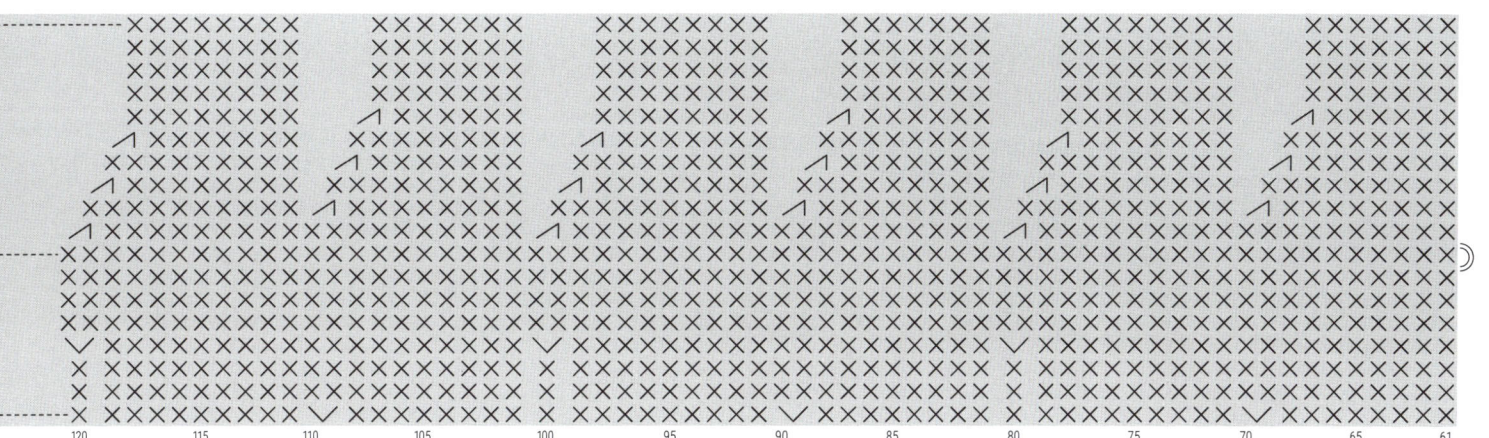

🔴 **완성 치수**

머리둘레 약 57cm

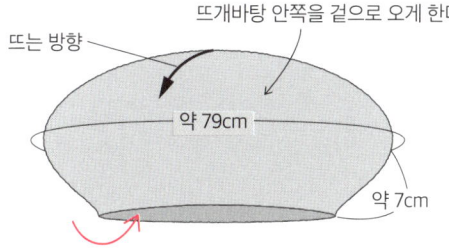

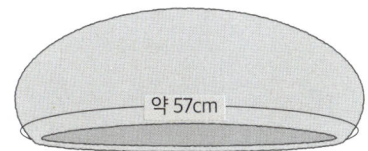

● = 빼뜨기
○ = 사슬뜨기
✕ = 짧은뜨기
∨ = ⩔ = 짧은뜨기 2코 늘려뜨기
∧ = ⩓ = 짧은뜨기 2코 모아뜨기

● **콧수표**

단수	콧수	증감
34~37	90코	증감 없음
33	90코	-6코
32	96코	
31	102코	
30	108코	
29	114코	
28	120코	
24~27	126코	증감 없음
23	126코	+6코
21~22	120코	증감 없음
20	120코	+6코
19	114코	
18	108코	
17	102코	
16	96코	

단수	콧수	증감
15	90코	+6코
14	84코	
13	78코	
12	72코	
11	66코	
10	60코	
9	54코	
8	48코	
7	42코	
6	36코	
5	30코	
4	24코	
3	18코	
2	12코	
1	6코	

25

2색 스누드

Level : ★★★

포인트는 두 종류의 전혀 다른 무늬뜨기로 뜨는 것입니다. 전반의 올록볼록한 사선 구슬뜨기는 가로로 흐르는 무늬, 후반의 걸어뜨기는 세로로 흐르는 무늬입니다. 목에 감았을 때 어느 쪽을 밖으로 나오게 하느냐에 따라서 분위기가 달라집니다. 두 가지 색깔의 균형을 달리하거나 조금 더 부피 있는 실로 떠도 귀여운 스누드가 된답니다.

How to make P.108

동영상에서는 다른 실로 뜹니다.

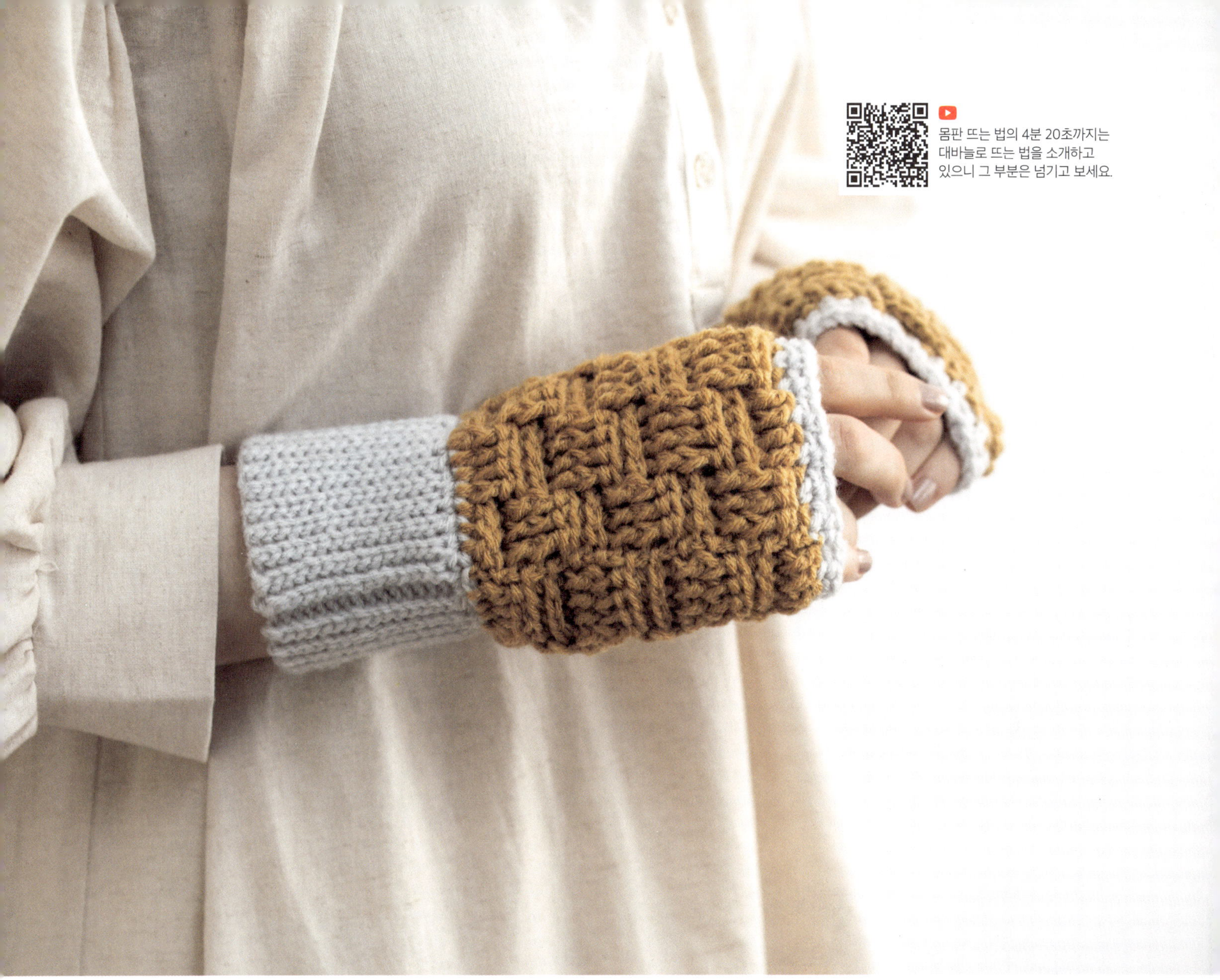

몸판 뜨는 법의 4분 20초까지는
대바늘로 뜨는 법을 소개하고
있으니 그 부분은 넘기고 보세요.

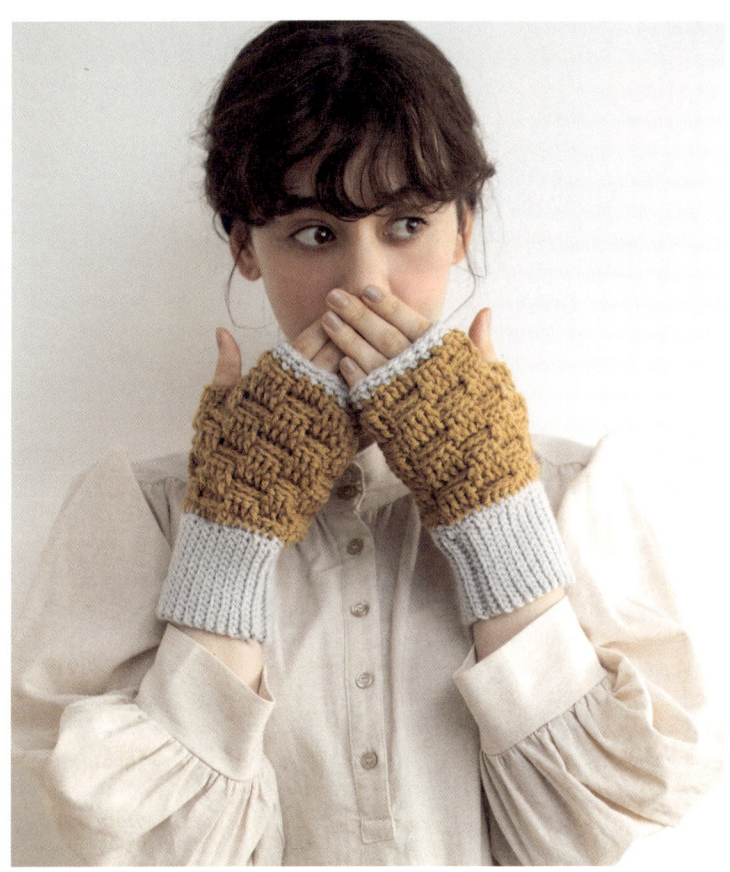

26

핸드 워머

예전에는 손목 부분을 대바늘로 뜨는 방법을 소개했지만
이번에는 전부 코바늘로 뜰 수 있도록 리메이크했습니다.
몇 번이고 샘플을 떠 보며 손목에 딱 맞는 느낌이 있으면서도
옆으로 잘 늘어나서 끼고 벗기 편한 핸드 워머를 완성했어요.
이것만 있으면 추운 겨울바람으로부터 손을 지켜 줄 거예요.

How to make P.110

Level : ★★★

25 2색 스누드

준비물

- **실**   mite
  - 14번(밝은 회색) ·············· 77g
  - 10번(이집션블루) ·············· 36g

- **바늘**   코바늘 8/0호, 돗바늘

완성 치수

W 약 12cm × 원둘레 약 1m 48cm

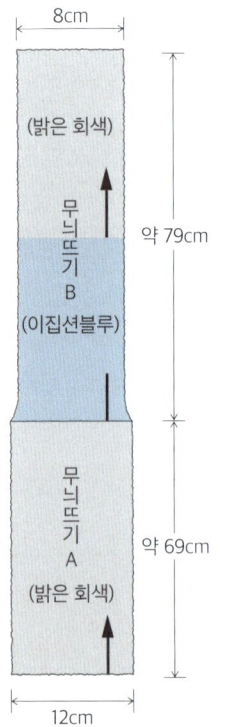

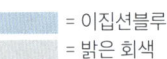 = 이집션블루
□ = 밝은 회색

※ 본문 안에서 이집션블루는 '파랑', 밝은 회색은 '회색'으로 표기했습니다.

- ● = 빼뜨기
- ○ = 사슬뜨기
- × = 짧은뜨기
- T = 긴뜨기
- ⋔ = 긴뜨기 3코 구슬뜨기 (코 아래에서 주워서 뜨다)
- ⌐T = 한길긴뜨기 앞걸어뜨기
- ⌐T = 한길긴뜨기 뒤걸어뜨기
- ▷ = 실을 잇는다

뜨개 도안

뜨기 끝(실은 자르지 않고 계속하여 빼뜨기로 잇기를 한다)

한길긴뜨기 앞걸어뜨기와 **한길긴뜨기 뒤걸어뜨기**를 1코씩 교대로 합니다. 그러면 고무뜨기 같은 모양이 됩니다.

※ 뜨개바탕의 겉쪽을 보고 앞걸어뜨기를 할 때는 뒤걸어뜨기를, 뒤걸어뜨기를 할 때는 앞걸어뜨기를 합니다.

2단 1무늬입니다.

비스듬히 되어 있는 긴뜨기의 다리 아래에서 주워서 긴뜨기를 감싸듯이 **긴뜨기 3코 구슬뜨기**를 합니다. 그러면 올록볼록한 사선 무늬가 됩니다.

뜨기 시작

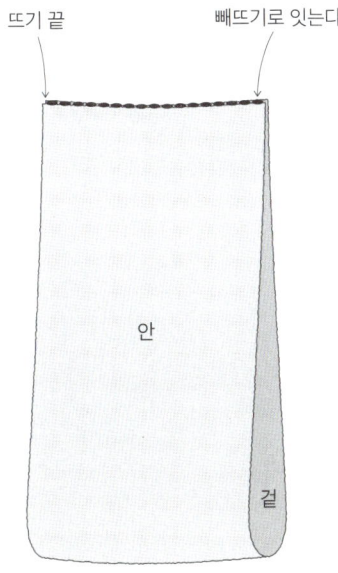

뜨기 끝　　빼뜨기로 잇는다

안

겉

🔻 만드는 법

1. 사슬뜨기를 17코 뜬다.
2. 첫째 단은 기둥코로 사슬뜨기를 1코 뜨고 짧은뜨기를 한다.
3. 둘째 단은 기둥코로 사슬뜨기를 2코 뜨고 긴뜨기를 떠서 긴뜨기 다리 아래에서 주워서 긴뜨기 3코 구슬뜨기를 한다.
4. 1코 건너뛰어 긴뜨기를 하고 긴뜨기 다리 아래에서 주워서 긴뜨기 3코 구슬뜨기를 하는 과정을 되풀이하며 62단까지 뜬다.
5. **Point** 예순셋째 단은 짧은뜨기를 하고 마지막에 파랑으로 바꾼다. → 아래 참조
6. **Point** 예순넷째~백다섯째 단까지는 파랑 실로 한길긴뜨기 앞걸어뜨기와 뒤걸어뜨기를 교대로 뜬다. 백다섯째 단의 마지막에 회색으로 바꾼다. → 아래 참조
7. 회색 실로 136단까지 한길긴뜨기 앞걸어뜨기와 한길긴뜨기 뒤걸어뜨기를 교대로 뜬다.
8. 뜨개바탕의 겉을 안쪽으로 가도록 반으로 접어서 시작코와 뜨기 끝을 빼뜨기로 잇는다. → 그림 참조

Point

5 파랑으로 바꾼다

1 예순셋째 단의 마지막 짧은뜨기를 완성할 때 실을 바꿉니다. 먼저 회색 실을 코바늘에 겁니다.

2 파랑 실을 코바늘에 걸고 빼냅니다.

3 한길긴뜨기를 합니다. **한길긴뜨기 앞걸어뜨기**를 한 모습.

4 **한길긴뜨기 뒤걸어뜨기**를 합니다. 코바늘 끝에 실을 걸고 앞단 짧은뜨기의 다리에 뒤쪽에서 화살표처럼 코바늘을 넣어서 한길긴뜨기를 합니다.

6 예순넷째 단을 뜬다

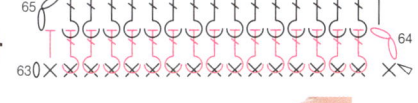

1 기둥코로 사슬뜨기를 2코 뜹니다.

2 뜨개바탕을 돌리고 **한길긴뜨기 앞걸어뜨기**를 합니다. 코바늘 끝에 실을 걸고 앞단 짧은뜨기의 다리에 앞쪽에서 화살표처럼 코바늘을 넣습니다.

5 **한길긴뜨기 뒤걸어뜨기**를 한 모습.

6 2~5를 되풀이하고 마지막에는 긴뜨기를 1코 뜹니다.

26 핸드 워머

준비물

- **실** mite
  08번(프렌치머스터드) ······ 42g
  14번(밝은 회색) ······ 24g

- **바늘** 코바늘 7/0호, 돗바늘

완성 치수

W 약 12cm × H 약 17cm

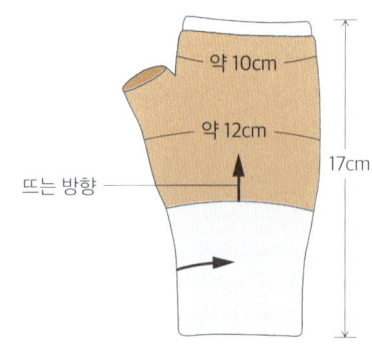

만드는 법

1. 손목을 뜬다. 먼저 밝은 회색 실로 시작코로 사슬뜨기를 15코 뜬다.
2. 첫째 단은 사슬뜨기를 1코 뜬 뒤에 시작코인 사슬뜨기의 위쪽 반코에만 코바늘을 넣어서 빼뜨기를 한다.
3. 둘째~쉰넷째 단까지 앞단 머리의 뒤쪽 반코를 주워서 왕복뜨기로 빼뜨기를 한다.
4. **Point** 뜨개바탕의 겉을 안쪽으로 가도록 반으로 접어서 빼뜨기로 잇는다. → P.111
5. 손목 뜨개바탕에서 36코를 주워서 짧은뜨기를 한다. → P.111 그림
6. 프렌치머스터드로 바꾼 뒤에 긴뜨기를 1단 하고 둘째~열셋째 단은 한길긴뜨기 뒤걸어뜨기와 한길긴뜨기 앞걸어뜨기를 뜨개 도안대로 뜬다.
7. 열넷째~열다섯째 단은 밝은 회색 실로 짧은뜨기와 사슬뜨기를 교대로 뜬다.
8. 프렌치머스터드 실로 엄지손가락용으로 남겨 둔 코를 주워서 긴뜨기로 엄지손가락을 뜬다. → 그림 참조
9. 똑같이 2장 뜬다.

뜨개 도안

손목 × 2장

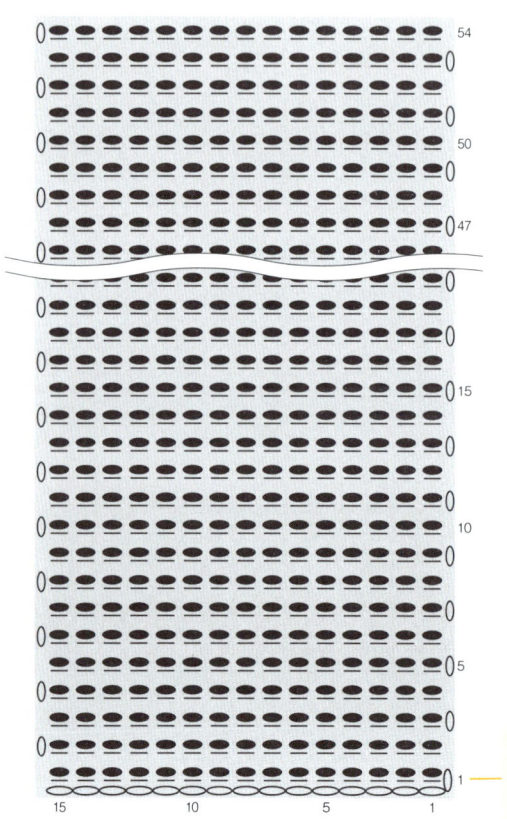

사슬뜨기 머리의 뒤쪽 반코를 주워서 빼뜨기를 합니다.

엄지손가락

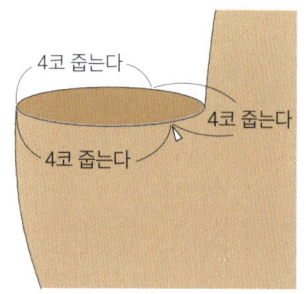

■ = 프렌치머스터드
□ = 밝은 회색

- ● = 빼뜨기
- ● = 빼뜨기 (앞단 머리의 뒤쪽 반코를 줍는다)
- ○ = 사슬뜨기
- × = 짧은뜨기
- T = 긴뜨기
- ⌡ = 한길긴뜨기 앞걸어뜨기
- ⌠ = 한길긴뜨기 뒤걸어뜨기
- V = 한길긴뜨기 앞걸어뜨기 2코 늘려뜨기
- V = 한길긴뜨기 뒤걸어뜨기 2코 늘려뜨기
- ⌇ = 실을 잇는다

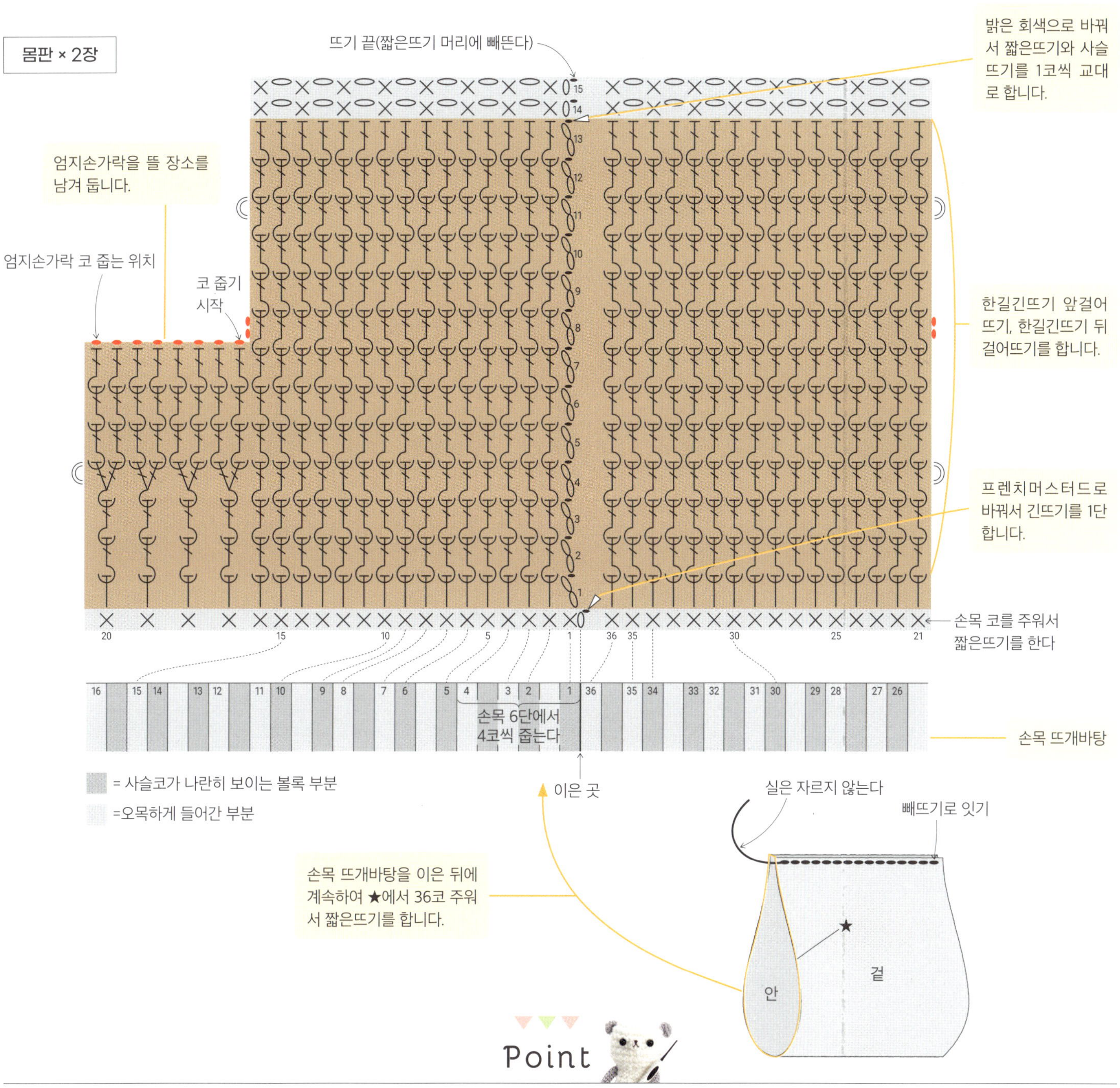
몸판 × 2장
뜨기 끝(짧은뜨기 머리에 빼뜬다)
밝은 회색으로 바꿔서 짧은뜨기와 사슬뜨기를 1코씩 교대로 합니다.
엄지손가락을 뜰 장소를 남겨 둡니다.
엄지손가락 코 줍는 위치
코 줍기 시작
한길긴뜨기 앞걸어뜨기, 한길긴뜨기 뒤걸어뜨기를 합니다.
프렌치머스터드로 바꿔서 긴뜨기를 1단 합니다.
손목 코를 주워서 짧은뜨기를 한다
손목 6단에서 4코씩 줍는다
손목 뜨개바탕
= 사슬코가 나란히 보이는 볼록 부분
=오목하게 들어간 부분
이은 곳
실은 자르지 않는다
빼뜨기로 잇기
손목 뜨개바탕을 이은 뒤에 계속하여 ★에서 36코 주워서 짧은뜨기를 합니다.
안
겉
Point

4 손목 뜨개바탕을 빼뜨기로 잇는다

사슬뜨기 1코

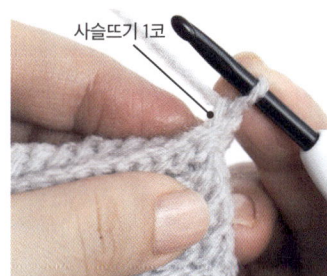

1 손목 뜨개바탕을 겉이 바깥으로 오도록 접습니다. 먼저 사슬뜨기를 1코 뜹니다.

앞쪽 반코와 사슬코 산
뒤쪽 반코
뒤쪽 뜨개바탕
앞쪽 뜨개바탕

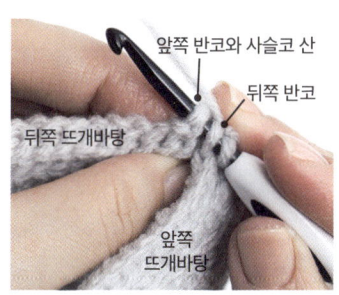

2 앞쪽 뜨개바탕의 뒤쪽 반코, 뒤쪽 뜨개바탕의 시작코의 앞쪽 반코와 사슬코 산을 줍듯이 코바늘을 통과시킵니다.

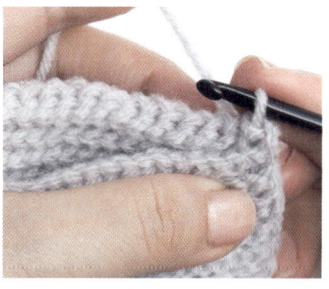

3 코바늘 끝에 실을 걸어서 빼냅니다. 2~3을 되풀이합니다.

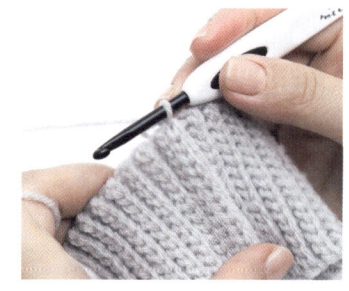

4 끝까지 빼뜨기로 이은 모습. 실은 자르지 않고 계속하여 몸판을 뜹니다.

손뜨개, 처음이어도 괜찮아

1쇄 펴낸날 2022년 4월 11일

지은이 해피마마
옮긴이 남궁가윤
펴낸이 정원정, 김자영
편집 홍현숙
디자인 김아란

펴낸 곳 즐거운상상
주소 서울시 중구 충무로 13 엘크루메트로시티 1811호
전화 02-706-9452
팩스 02-706-9458
전자우편 happydreampub@naver.com
인스타그램 @happywitches
출판등록 2001년 5월 7일
인쇄 천일문화사

ISBN 979-11-5536-178-8 13630

* 이 책의 모든 글과 그림, 디자인을 무단으로 복사, 복제, 전재하는 것은 저작권법에 위배됩니다.
* 잘못 만들어진 책은 서점에서 교환하여 드립니다.
* 책값은 뒤표지에 있습니다.
* 전자책으로 출간되었습니다.

Lady Boutique Series No.8111 HAPPY MAMA NO KAGIBARIAMI LESSON
Copyright ©2021 Boutique-sha, inc.
All rights reserved.
Original Japanese edition published by BOUTIQUE-SHA, INC.
Korean translation rights ©2022 by Happy Dream Publishing co.
Korean translation rights arranged with BOUTIQUE-SHA, INC. Tokyo
through Botong Agency, Seoul, Korea

이 책의 한국어판 저작권은 Botong Agency를 통한 저작권자와의 독점 계약으로 즐거운상상이 소유합니다.
신저작권법에 의하여 한국 내에서 보호를 받는 저작물이므로 무단전재와 무단복제를 금합니다.